历史的丰碑丛书

政治家卷

美国黑奴解放者 林肯

赵海月　编著

吉林人民出版社

图书在版编目(CIP)数据

美国黑奴解放者——林肯 / 赵海月编著 . -- 长春：
吉林人民出版社 , 2011.4 （2021.8 重印）
（历史的丰碑丛书）
ISBN 978-7-206-07593-3

Ⅰ . ①美… Ⅱ . ①赵… Ⅲ . ①林肯，A.（1809 ～
1865）—生平事迹—青年读物②林肯，
A.（1809 ～ 1865）—生平事迹—少年读物 Ⅳ .
① K837.127=41

中国版本图书馆 CIP 数据核字 (2011) 第 039419 号

美国黑奴解放者——林肯
MEIGUO HEINU JIEFANGZHE——LINKEN

编　　著：赵海月
责任编辑：赵梁爽　　　　封面设计：孙浩瀚
制　　作：吉林人民出版社图文设计印务中心
吉林人民出版社出版 发行（长春市人民大街7548号　邮政编码：130022）
印　刷：北京一鑫印务有限责任公司
开　本：787mm×1092mm　　1/16
印　张：8　　　　字　数：72千字
标准书号：ISBN 978-7-206-07593-3
版　次：2011年4月第1版　　印　次：2021年8月第2次印刷
定　价：35.00 元

如发现印装质量问题，影响阅读，请与出版社联系调换。

编者的话

"欲知大道，必先为史"。

回溯人类的足迹，人们首先看到的总是那些在其各自背景和时点上标志着社会高度和进步里程的伟大人物。他们是历史的丰碑，是后世之鉴。

黑格尔说："无疑，一个时代的杰出个人是特性，一般说来，就反映了这个时代的总的精神。"普希金说："跟随伟大人物的思想是一门引人入胜的科学。"

以史为鉴，面向未来。作为21世纪的继往开来者，我们觉得，在知史基础上具有宽广的知识结构、开阔的胸襟和敏锐的洞察力应是首要的素质要求，而在历史的大背景中追寻丰碑人物的思想、风范和足迹，应是知史的捷径。

考虑到现代人时间的宝贵，我们期盼以尽量精短的篇幅容纳尽量丰富的信息，展现尽量宏大的历史画卷和历史规律。为此，我们编撰了这套丛书。

编撰丛书的过程，也是纵览历代风云、伴随伟人心路、吸收历史营养的过程。沉心于书页，我们随处感受着各历史时期伟大人物所体现的推动历史进步的人类征服力量。我们随着伟人命运及事业的坎坷与辉煌而悲喜，为他们思想的深邃精湛、行为的大气脱俗而会意感慨、拍案叫绝。

然而，在思想开始远游和精神获得享受的同时，我们也随之感受到历史脚步的沉重和历史过程的曲折。社会每前进一步都是艰难的，都伴随着巨大的痛苦和付出。历史的伟大在于它最终走向进步，最终在血污中诞生了鲜活的"婴孩"。

历史有继承性和局限性，不能凭空创造。伟人也有血肉，他们的思想、行为因此注定了同样具有历史的局限性和阶级的、时代的烙印；他们的功业建立于千千万万广大人民群众伟大创造的基础上。历史是人民群众创造的，伟大的人物们是历史和时代造就的。同时，我们也无法否定此间他们个人的努力。这也正是我们编撰这套丛书的目的。

我们期盼着这套丛书得到社会的认同，对读者，特别是青少年读者之历史感、成就感和使命感的培养有所裨益。史海浩瀚，群星璀璨。我们以对广大青少年读者负责的精神，精心遴选，以助力青少年成长进步，集结出版了《历史的丰碑》系列丛书，敬请读者批评、指正。

历史的丰碑丛书

编委会

阿伯拉罕·林肯，美国第16任总统，著名的资产阶级革命家和政治家。

他，一个来自肯塔基州的农民之子，不屈服于命运的摆布，在既无金钱又无靠山的情况下，顺趋时势，呼应舆情，凭着自己百折不挠的韧性硬是登上了美国总统的宝座，建立了不朽的历史功勋。他以渊博的学问、实干的精神、崇高的理想、顽强的意志、广阔的胸襟、谦逊的品德、机敏的头脑、雄辩的口才、非凡的雄心和无畏的勇气，捍卫联邦，解放黑奴，为资本主义的发展扫平了道路，使美国一跃而成为世界强国。马克思在评价他时说道："在美国历史和人类历史上，林肯必将与华盛顿齐名！"

目　　录

历史的丰碑丛书

勤学苦读

> 命运并非机遇，而是一种选择；
> 我们不该期待命运的安排，必须凭
> 自己的努力创造命运。
>
> ——布莱

1809年2月12日清晨，迎着曙光，一声嘹亮的婴儿啼哭从一幢乡间小木屋传出，唤醒历史老人鸣记这一时刻。这降生的孩子就是52年后成为美利坚合众国第16任总统的亚伯拉罕·林肯。

林肯的父亲托马斯是美国肯塔基州哈丁县的一位贫苦农民，当时他们一家所居住的那座小木屋，就坐落在霍詹维尔附近的荒野之上。在林肯2岁时，家境稍稍有了些改善，父亲在霍詹维尔东北10英里处的诺布河畔买下了一块230英亩的土地，并把家搬到那里。那一带土地肥沃，青草漫野，林木葱茏，流水潺潺，游鱼满溪，野兽成群。林肯在这样的乡野环境中逐渐长大成人。他稍大一点就开始学做日常零活，如送信传话、提水摘菜、搬运劈柴、清扫炉灰，在种着成行豆子、洋葱、玉米和土豆的地里捉虫锄草。劳动时，一双小手经常磨出一个个大小不等的水泡。艰苦的生活条件，繁重的农活，还有父母经风吹日晒沧桑的面孔，深刻地烙印在他那颗幼小的心灵上，同时也铸就了他那坚韧不拔、自强不息的性格。

童年时的林肯具有非常强的求知欲望。他在学习英文字母和阿拉伯数字时，由于没有钱买纸和笔，就用木炭作笔，在木板上练，在尘土上练，在沙地和积雪上练，最终练就了一手好字。

1816年12月，林肯的父亲又举家北上到斯宾塞县去拓荒谋生。头一年的创业是极其艰辛的。他们要在沉睡千百年的处女地上种庄稼，就必须砍倒树木，清除杂草，挖松地块，平整土壤。由于收获较少，他们吃的多是从林子里捕猎的鹿、熊、野鹅、野鸭和野火鸡等大自然所提供的食物。春去秋来，林肯与姐姐萨拉经常光着两只脚丫去采摘榛果，帮助家里度过饥荒。晚上，一家人用木

← 林肯（1809—1865）

柴、松明子和野猪油照明。全家节衣缩食，苦度时日。

可是，"屋漏偏逢连夜雨"。1818年10月5日，当秋色染红了枫林时，病魔狠毒地夺走了林肯母亲的生命。失母丧妻的打击，使本来就十分枯寂的家庭更加沉闷，3颗破碎的心相互支撑着维持生活。11岁的姐姐本能地操持家务，烧火做饭，提水拾柴，缝缝补补，洗洗涮涮；9岁的林肯与父亲一道，早出晚归，披星戴月，开垦荒地，春种秋收。然而，一个失去朝夕相守、相依为命的爱妻的鳏夫，带着两个幼小的孩子，其日子是很难熬的。于是，林肯的父亲便回老家寻求伴侣。第二年深秋的一天，父亲外出归来，带回一个领着3

亚伯拉罕·林肯1809年2月12日就出生在这间小木屋

亚伯拉罕·林肯总统博物馆内蜡像——少年林肯

个孩子的寡妇。这位妇女高大健壮，面色红润，慈祥温和，举止端庄，谈吐不俗。父亲告诉萨拉和林肯："这是你们的新妈妈。"望着这位和蔼可亲的新妈妈，林肯一下便喜欢上了她。继母和她那3个孩子的到来，给这个残缺的家庭带来了重圆的乐趣。这位精于理家的好主妇不仅做得一手好针线活，而且吃苦耐劳、兢兢业业。她不仅把屋内屋外收拾得井井有条，而且生性乐观，不以贫寒为苦。她还善于体贴人、关心人、激励人，不仅给林肯以温厚的母爱，更重要的是鼓舞了他好胜进取、自强自立的奋斗精神。每当林肯烦恼时，她都伸出慈爱之手，抚慰他，劝导他，鼓励他。对此，林肯不止一次地提道，他的继母是他一生中的

少年林肯在火边读书

一个强烈、无声的感染力量。

林肯11岁时，父亲和继母决定让他到附近的学校去上学读书。由于处地荒僻，因而校舍和师资条件都很差。学校只在冬季农闲时开学，其余的农忙季节则全部放假。学校上课也不正规，往往是来了老师就开学，老师一走就关门。林肯后来回忆说："那是一个很荒凉的地方，树林里还有很多熊和其他动物，我就在那里长大。那里有一些所谓的学校，但对教师从不要求有什么资格。除了'readin、writin 和 cipherin'（即发音不准，每个词尾都错加了'in'——译注），就是比例的运算。当然，当我长大成人时，我仍然懂得不多，我能看书、写字和运算……但也就是这些。我现在在这个教育基础上获得的一点点进步，都是由于我日常急需所迫一点一点捡来的。"他在总结自己所过的学校生活时指出："这一时期，我全部上学的时间加到一起还不到一年。"

尽管少年林肯上学的时间还不足一年，但他却养成了好学上进的习惯。他酷爱读书，几乎见书就读、见字就学，如饥似渴、孜孜不倦地汲取知识的营养，沉醉于书中所描述的世界。由于家境拮据，无钱买书，家中仅有的一本《圣经》已被林肯翻烂，甚至对头几章可以倒背如流。这位贫困的少年，在强烈的求知欲的驱使下，只好步行好多里路，厚着脸皮向人家借书看。据林肯后来回忆，在借来阅读的书中，有一本《华盛顿传》深深地打动了他的心。他从该书中获得的最大精神财富，乃是领悟到一个人可以通过始终不懈

←林肯雕像

林肯广场位于林肯总统的故乡——美国伊利诺伊州春田城

的追求、脚踏实地的奋斗和千辛万苦的磨难，最后创造人生的辉煌和事业的成功。

　　林肯成了一个地地道道的小书迷。读书的作用和乐趣，使他把凡是能找到的书都读遍了。多年以后，他的表兄丹尼斯·汉克斯回忆说："亚伯12岁以后，我从未见到他不随身携带书本。他把书塞在衬衫里，把玉米饼子装满裤袋，就耕地去了。晌午时，他坐在树底下边吃边读。晚上回家，他把椅子往烟囱边一放，就背靠墙埋头啃起书来。"在那阴沉艰辛的岁月里，是书籍照亮了那暗淡的小屋并点亮了林肯心头的火炬。书，不但给了他知识、见解和乐趣，而且也给了他理想、智慧和勇气。在读完《肯塔基教师》这本书后，林肯提出了这样的疑问："谁最有权利进行控诉？是印第安人还是黑人？"随后便在玉米地里大发议论，对着千万棵玉米滔滔不绝地说个没完没了。

随着时光的推移，林肯在逐渐长大。17岁时，他已经成为一个体格强壮、身材高大的男人了。他每天都从事户外的体力劳动，有时，他还外出打工，赚些零花钱。此外，他是当地著名的摔跤能手，还善于模仿某些动物的滑稽动作，逗得旁观者一阵哈哈大笑。

不管如何辛苦、紧张和繁忙，林肯总忘不了通过各种途径来猎取知识。正如他后来所说的，他的学问都是"一点一点捡来的"。为了有效地提高自己的写作水平和锻炼自己的思维能力，林肯经常为家里和周围邻居代写书信。他曾徒步30英里，去一个法院听律师们唇枪舌剑地辩论。律师们那雄辩的口才、精彩的发言、潇洒的手势，令林肯羡慕不已，有时禁不

当年林肯总统参加过礼拜的教堂

住模仿起来。他还喜欢听诗词小调，把其中富有寓意的部分记下来，以此来丰富自己的语言储备。

随着年龄的增长，林肯已经不满足于修理地球的生计，读书给予的开阔眼界和心胸，使他再也不甘心像父辈那样生活了。1830年，林肯已长到21岁了，这时的他就像羽翼渐丰的雏鹰，对狭小的窝巢越来越感到拥挤憋闷，向往着飞向广阔的蓝天一展身手。这一年，父亲又举家西迁，经过200英里的长途跋涉，他们来到梅肯县迪凯特附近的一个新农场居住。这时的林肯便开始盘算着离开家庭，独自去闯荡天下，试试自己的运气。这年的夏天，他有次到迪凯特办事，看见一家商店门前有两位州议员在发表演说。他怀着好

林肯的父母都是文盲农民，林肯在很大程度上是自学成才

奇心走向前去，听着听着就产生一种强烈的表现欲。于是，他便不顾一切地挤上台来，情绪激昂地发表了关于疏浚当地的一条河道以利舟楫航行的演说。早先，他曾独自对着树木和田地发表过数不清的演说，而这次面对的却是涌动的人群和惊奇的目光。不同的气氛和效果，使林肯大有腾空驾云高人一头之感。历史学家认为，林肯这次抛头露面，是他从劳累而单调的农活中走出来，迈向美利坚政治大舞台的初次尝试。

辽阔的北美大陆、自由的移民性格以及务实的新教伦理等复合因素所铸就的以个人主义为核心的"美国精神"，使美利坚民族崇尚一种类似于我们所说的"滴自己的汗，吃自己的饭，自己的事情自己干，靠天靠地靠父母，不是英雄好汉"的信条。他们鄙视门第庇护，丢弃封建传统。在机会均等、自由竞争面前，靠自己的本事改善自身的处境。在这样一个盛行个人主义、提倡个人奋斗的国度里，亚伯拉罕·林肯虽然是一位贫民之子，但如果他有真才实学又肯顽强拼搏、顺应时势，那么迟早会成为人杰。

看来，林肯这只雏鹰要展翅飞翔了。不过，他要成为一只真正的雄鹰，还要经过暴风骤雨的洗礼和闪电雷鸣的考验。

初涉政坛

> 　　一个人如果认为自己一生中能干
> 一番不寻常的大事，就比没有远大理
> 想的可怜虫，有更多的成功机会。
>
> 　　　　　　　　——马拉默德

　　1831年2月，亚伯拉罕·林肯告别了父亲和继母，与堂舅约翰·汉克斯一起来到新奥尔良这座巨大的国际港口城市。

　　面对大都市的花花世界，林肯好像无动于衷，唯一使这位农村青年感到惊诧和愤怒的是大街上众多的关于奴隶的广告。有的写道："愿出高价购买各种黑人，并随付现金，也可代客销售，收取佣金。备有专存黑人的圈栏和囚笼。"还有的写道："出售10至18岁的小妞数名，24岁的妇女一名，25岁的能干女人一名，外带3个壮实小孩。"看到这些广告，林肯内心极其痛苦。尤其是他亲眼看见许多黑人都被铁链锁住，挨皮鞭抽打时，更是心如刀绞。他悄声对身边的同伴说："我们走吧，等有那么一天，我有机会打击这一制度的时候，我一定把它彻底打垮。"黑奴的悲惨命运就这样在林肯的脑海中留下了深深的印记。

在1831—1834年期间，林肯没有固定职业。为了谋生，他开始受雇做一家村庄商店的店员。他诚信无欺，受到村民的普遍赞扬。1832年3月，林肯撰写了第一篇竞选伊利诺伊州议员的公告，不久又发表了生平第一次竞选演说："先生们，同胞们！我想你们大家都知道我是谁，我是贫民亚伯拉罕·林肯。朋友们推我当议会议员的候选人。我的主张就像一支古老歌曲一样简短。我拥护国家银行，赞同改良内政制度和保护关税，这就是我的信念和政治原则。"当然，对这位初出茅庐的小伙子来说，还没有资格和经验去抓住政治的缰绳，因而

虽然林肯未曾接受高深的教育，但林肯具有卓越的口才和文采，直接的体现就是著名的葛第斯堡演说。其中的最后一句话成为现代民主政府的定义之一：要使我们这个国家在上帝的保佑下得到自由的永生，使这个民有、民治、民享的政府永世长存。

↑林肯照片　1860年2月

落选便是意料之中的事。但这次竞选毕竟使林肯受到了实际锻炼。它是林肯真正投身政坛所迈出的第一步。

在以后的一段日子里，林肯又做过村邮递员、县测量员的工作。在收发邮件的过程中，他养成了从读报中观察政治动向和钻研问题的习惯；在做测量工作期间，他硬是不畏艰难，读通了两大本的测量学专著。此外，他还尽量多揽一些零活以增加收项。在工作之余，他仍然一如既往地手不释卷，读了大量的历史、哲学和文学名著。在他的周围，读书识字的人寥寥无几，因而他在人们的心目中是一个了不起的人物，大家有事都愿找他帮忙，而林肯又乐于助人，来者不拒，被乡民们誉为"最有学问、最有智慧和最善良的朋友"。

1834年，林肯参加了辉格党。在这一年的中期选举中，他不仅赢得了县辉格党领导人约翰·斯图尔特的支持，还获得了民主党那边好友们的鼎力相助，再加上他在做土地测量和投递邮件期间已成为当地妇孺皆知的名人，因此，在8月4日选举揭晓时，25岁的林肯榜上有名，成为伊利诺伊州的议会议员。这是林肯有生以来获得的第一个重要政治职位，这使他真正成为一个拥有社会地位、享受国家待遇的有身份有头脸的人物。从此，他就在扑朔迷离的政治迷宫中，在错综复杂的议会游戏中，锻炼自己的才干。此间他给人们

的印象是："瘦骨嶙峋，皱纹满面，不修边幅甚至有些粗鲁的。……然而他却有某种深得人心的气质和魅力。"

为了仕途的顺畅，林肯特别注意加强与当地一些政治头面人物的交往。其中约翰·斯图尔特对他的影响最大。斯图尔特作为县辉格党的领导人，既是一名参议员，又是一名律师。他那渊博的法律知识和频繁的办案能力，使林肯对法学产生了浓厚的兴趣。他从斯图尔特那里借了不少法律书籍，专心致志地研究起来。功夫不负有心人，1836年秋，他终于通过了律师业务考试，成为当地的一名律师。在办案过程中，他正直廉洁，伸张正义，深受百姓的欢迎。

1836年6月，林肯再度当选为该州议会议员。在这届州议会大会上，一些议员提出"不赞成组织废奴协会的决议案"。林肯同另外4名议员对这个决议案投了反对票，理由是"奴隶制度是建立在非正义和错误的政策

林肯担任州议员时的伊利诺伊州议会——旧议会旧址

之上的"。

1838 年，林肯来到州府所在地斯普林菲尔德，并在该市的青年学会上发表了一篇题为《永葆美国政治制度之青春》的演说，阐述了一些极其重要的思想精髓，表达了他对美

国未来、人身自由和个人义务的看法和主张。他指出："不管什么时候，听任一小撮歹徒滋事生非，听任他们烧毁教堂，抢劫仓库，破坏印刷机，枪杀编辑，随心所欲地吊死或烧死他们所讨厌的人，听任他们逍遥法外，那我就可以断言，这个政府必定寿命不长。"他呼吁大家行动起来，保卫革命先驱者用生命所赢得的权利，不让这一权利受到侵犯。林肯的观点与新兴资产阶级的利益要求是一致的。在同年的议员竞选中，他以绝对优势又一次当选为州议员。

1839 年，林肯结识了肯塔基州一位议员的女儿玛丽·托德。这位性情泼辣、体态丰盈、善于交际的少

女，不顾门第差别与家人反对，毅然地与林肯订了婚。她认为林肯虽然出身寒微，但很有前途，是她最"中意的对象"。林肯乐不可支，两人双双坠入爱河。1842年11月4日，33岁的新郎与23岁的新娘举行了婚礼。

　　婚后，林肯继续从事他的律师工作。与以前不同的是，这时的他开始注意修饰自己了，但是，人们还是认为他的外表欠佳：头发蓬松，裤脚下垂到踝骨上方，背心皱皱巴巴的。不管怎样，林肯绝不是以外表和形象赢得人们的注意力，而是以他的才华、品德与实干换来民众好感的。他在第八司法区做巡回审判时，不辞辛苦，足迹遍及该区的15个县。他时而骑马，时

→林肯的夫人玛丽·托德和他的两个儿子

而乘轻便马车，时而步行，奔波在辽阔的大草原上，跋涉于坎坷的泥土路中。有时走上几个小时还不见人烟，遇到春雪融解或刺骨寒风，遇上阴雨连绵或大雨倾盆，他就满脚泥泞或满脸冰霜或满身湿漉地继续赶路，总是准时地到达法院，保证开庭时间。他辩护时，思路清晰，语言简洁，切中要害，论据充足，刚正不阿，用词幽默，每每都能引起整个法庭对他的注意。更值得一提的是，他道德高尚，即便打赢了官司，也决不向当事人索取过多的酬金，收入只限于他应得的那一份，甚至低于合理报酬。

不懈的努力和辛勤的工作使林肯声望日隆。1846年，他被提名为国会众议员的候选人。在激烈的竞选过程中，他的对手卡特赖特牧师纠集了一伙人，散布流言蜚语，诬蔑林肯。林肯散发了一份传单，澄清事实，沉着应战。在一次宗教集会上，演讲中的卡特赖特忽然说："一切愿意把心献给上帝和想进天堂的人，请站起来。"一些人闻声站了起来。卡特赖特又说："一切不愿意下地狱的人请站起来。"除林肯外，所有的人都站了起来。这时卡特赖特故作严肃地说："我看到了很多人表示愿意接受第一个劝导，把自己的心奉献给上帝而进天堂。我又看到除一个人以外，你们所有的人都表示不愿意下地狱。这唯一的例外就是林肯

先生，他两次都没有做出反应。林肯先生，我可以问
问你吗？你要到哪里去呢？"面对卡特赖特的嘲弄和刁
难，林肯不慌不忙地站了起来说："……我认为卡特赖
特教友提出的问题是很重要的，但我并不感到我要像
其他人一样来回答问题。卡特赖特教友直截了当地问
我要到哪里去，我愿用同样坦率的话回答，我要到国
会去。"

竞选的结果是，林肯比卡特赖特多1511张选票而
当选，实现了他梦寐以求的"我要到国会去"的夙愿。
在这次竞选中，他的朋友们为他凑了200美元作个人
竞选费用。令人难以置信的是，他总共只花了75美
分，剩余的199.25美元又全部还给了他的朋友们。

1847年12月，林肯领着一家人来到首都华盛顿就

→林肯那个时代使用过的运货马车

职，任期为2年。当时的华盛顿拥有40000人口，其中自由黑人8000人，黑人奴隶2000人。这里既有小巧玲珑的私邸和富丽堂皇的大厦，也有囚禁黑奴的牢笼和"活像马厩"的监狱；这里既有图书馆、博物馆、喷泉、教堂、庄严的大厅和政府机关，也有为数众多的酒吧间、妓院和赌场；这里既有宽阔平坦的马路，也有狭窄污秽的小巷；这里既有衣冠楚楚的官僚巨贾，也有衣衫褴褛的黑人奴隶。总之，初来乍到的林肯一家所耳闻目睹的，尽是五颜六色、光怪陆离的首都风光。那从国会大厦一直延伸到白宫的宽平而又笔直的大道，似乎正迎接着林肯未来的前程。

林肯在华盛顿参加了许多重要的国家政治会议。国会众议院的记录表明，林肯在处理有关请愿、任命、抚恤金等事务以及公路、运河、港口等建设问题时，是一丝不苟的。当美国强行吞并墨西哥的得克萨斯并挑起对墨西哥的战争时，林肯洞察到了其背后的政治动因是南部种植园主为了扩大奴隶占有制而进行的肮脏勾当。他强烈痛恨奴隶制，认为"劳动是我们人类的共同负担，而有些人却竭力要把他们分内的负担转嫁到别人肩上，这就是造成人类那连续不断的灾祸的根源。"他在国会中大声疾呼："总统发动对墨西哥的战争是没有必要的，是违反宪法的。"

林肯自从第一次看见黑奴被当作牛马一样看待时，心中就种下了憎恨这一制度的种子。只要有人提起黑奴的事，他的脸上就表现出十分忧愤的表情；他诅咒这一不道义的残酷制度，并决心要成为这一制度的掘墓人。

历史的重任后来果真落在了这位农民儿子的肩上。不过，正如一位文学名人所说的那样：成功的花，人们惊羡它现时的艳丽，而它在绽放之前却浸透了辛酸的泪雨。

林肯这位坚定的废奴主义者，就是这样一步一步地走过来，最后卸掉黑奴身上的枷锁而使世界一震的。

这是南方种植园的一个农场，在一个小屋前聚集着黑人奴隶。

反奴辩手

> 好事总需要时间，不付出大量的心血和劳动是做不成大事的。想吃核桃，就得首先咬开坚硬的果壳。
>
> ——格里美尔斯豪森

独立战争胜利以后，美国保留了两种不同的社会制度。北方是工商业资本主义，实行雇佣劳动制；南方是奴隶主种植园经济，实行黑人奴隶制。

19世纪上半期，随着资本主义发展，工商业资产阶级需要大量自由劳动力、充足的原料和广大的国内市场，但种植园奴隶制经济却妨碍了这个目的的实现，因此他们要求废除黑人奴隶制；广大的农民、失业者以及新的欧洲移民，都希望到西部"自由土地"从事生产，可是南部种植园奴隶主却企图把西部土地变成蓄奴州，使他们的目的不能实现，所以他们也坚决反对黑人奴隶制。这样，废除奴隶制度便成为19世纪中期美国人民的共同呼声。

高举废奴主义大旗的林肯，在国会议员期满后便

带着夫人和孩子回到家乡斯普林菲尔德，重操律师旧业。他还是那样憎恨奴隶制，还是那样富有幽默感，还是那样好学不倦和埋头苦干。

他喜爱法律，忠于职守，在外出办案过程中，往往几个月不回家。他通过办案不断地增进与广大民众的联系，了解他们的劳动、生活、家庭和娱乐。在这几年中，他还腾出时间读了大量书籍，进一步提高自己的知识水平。

林肯从自己的实际工作出发，认真研究怎样解决谬误和从既定事实中推出不容辩驳的结论。比如他在阅读一本哲学论著后，写下了这样一段学习心得："不

→林肯和他的儿子

管甲怎样论证他有权奴役乙，难道乙就不能抓住同一论据证明他可以奴役甲吗？你说因为甲是白人而乙是黑人，那么就是以肤色为依据喽？难道肤色浅的人就有权去奴役肤色深的人吗？那你可要当心点，因为照此逻辑，你就要成为你所碰到的第一个肤色比你白的人的奴隶。你说你的意思不完全是指肤色吗？那么你指的是白人在智力上比黑人优异，所以有权去奴役他们喽？这你可又得当心了。因为按照这个逻辑，你就要成为你所碰到的第一个智力比你更优异的人的奴隶。你说这是个利益问题，只要你能谋取你的利益，你就有权去奴役他人。那么好吧，如果别人也能谋取他的利益，他也就有权奴役你了。"

林肯不仅加强自己逻辑思维的训练，更注重它在司法实践中的运用。1857年秋，林肯承办了这样一桩案件：一个名叫查尔斯·艾伦的油漆匠，在验尸陪审团面前发誓说，他曾经亲眼看见被告人威廉用一把流星锤击中梅羡克的头部，将梅羡克打死。当时的时间

→图为林肯演讲辞原稿

是夜里 11 点左右，正值明月当空，一切都能看清楚。林肯派人取来一本历书。翻查历书之后，法庭上的人们不禁发出一阵哄笑。原来历书上清楚说明，那天午夜前后月亮早已落下看不见了。既然夜里一片漆黑，艾伦怎能看清谋杀现场呢？林肯轻轻地推翻了罪证，使被告人威廉获得了清白，无罪获释。

除了行使自己法庭辩护的职责外，林肯还一直关心着解放黑奴的问题。1856 年，林肯加入以反对奴隶制为宗旨而成立不久的共和党。他多次发表演说，强烈谴责奴隶制是一种"极不公平"的制度。他的演讲扣人心弦，以不容反驳的逻辑推理征服着台下的听众。"我有次曾在一本法律书上读到这样一句话：奴隶虽是一个人，但是法律上他却不是一个人，而是一个物。现在有人企图破坏自由的保障，假如他们得逞，把一切自由黑人都变成了物，那时你便可设想，他们把穷苦白人变成物的日子难道还会远吗？""因为我不愿当奴隶，所以我也不愿当奴隶主。这表达了我的民主思想，任何与此不同的想法都不是民主。""我们都要对南方分裂主义者说，我们绝不退出联邦，你们也休想办到。"每当林肯对共和党人发表这样的演说时，大厅里常常人潮涌动，掌声如雷。大家纵情欢呼，挥舞手帕，向空中投掷帽子，甚至顿足响应。

1858年6月16日，伊利诺伊州共和党人推举林肯作为国会参议员竞选人，想让他取代原参议员道格拉斯。

林肯以他那篇不同寻常的"裂开的房子"的演讲拉开了竞选的帷幕。他说："我相信这个政府不能永远容忍半奴隶半自由的状态。我不期望联邦瓦解——我不希望这房子倒塌——但是我确实希望它停止分裂。它要么完全是一种样子，要

林肯曾当了好几年成功的律师，并当选为伊利诺伊州众议院的代表，他表示反对和抗议与墨西哥战争奴役。

么完全是另外一种样子。"演讲的主要论点是：（1）联邦的统一必须维护；（2）奴隶制必须停止扩张；（3）至于奴隶制本身则可任其自行消亡。林肯的演说被国内多家报纸刊登，一度震撼了全国。

道格拉斯为了保住自己参议员的位置，在民主党人和追随者的簇拥下也发表了竞选演说。面对道格拉斯的人身攻击，林肯要求双方举行辩论，以理服人。道格拉斯表示接受挑战。于是他们俩便在全州7个不同地区的城市讲台上对垒，就各种各样的问题进行较量。

→美国南方的奴隶拍卖会

从1858年8月21日至10月15日，双方共进行了7场大辩论，听众近8万人。在历次舌战中，林肯都高扬反奴隶制旗帜，严厉抨击那些奴隶制卫道士的奇谈怪论。他理直气壮地质问道："你们一方面说奴隶制是错误的，另一方面又喋喋不休地争论说，这里不是反奴隶制的地方。你们说一定不能在自由州里反对，因为那里并不存在奴隶制；在奴隶州中反对也使不得，因为它就存在于那里；在政界反对也不行，因为会引发争论；在布道坛反对也不适当，因为它并非宗教问题。那么究竟在哪里可以反对它呢？那就不存在合适的地方去反对了。"

道格拉斯把林肯反对奴隶制的观点歪曲成主张种族平等。对此，林肯回答说这是文字游戏式的诡辩。他指着一个人说："我说你今天在这里，你却用你昨天在那里来证明我说谎。我说你脱了帽子，你却把帽子重新戴上来证明我说谎。这就是道格拉斯论证的全部力量所在。"

全国瞩目的选举揭晓了。虽然林肯比道格拉斯多得了4085张选票，但由于当时美国国会参议员不是由各州选民直接选举，而是由各州州议会选出的，结果民主党人占优势的州议会使道格拉斯赢得54票，比林肯多出8票。这样，林肯就落选了。

　　林肯虽然未能获胜，但他很高兴自己参加了这次竞选。他说："虽然我现在从人们的视野里消失了，而且将被人遗忘，但是我相信，在我本人消失以后很久，我说过的一些话对于公民的自由事业将产生影响。"他还开玩笑地说，他像一个孩子踢着脚趾一样，因痛得太厉害而不能笑，可又因自己已经长大而不能哭。

　　林肯与道格拉斯的大辩论牵动了全国千百万人的神经，同道格拉斯的交锋使他成了全国反奴隶制斗争中的英雄。虽然他这次没有走进国会大厅中，但他的名字却镶嵌在民众的心坎里。

→ 林肯1863年

竞选总统

> 你能蒙蔽某些人于整个时期，
> 也能蒙蔽一切人于某一时期，但你
> 却不能蒙蔽一切人于整个时期。
>
> ——林肯

奴隶制度的落后性、残酷性和非人道性，使它成为美国人民的众矢之的。1852年出版了两部揭露奴隶制度的小说，一部是斯托夫人的《汤姆叔叔的小屋》，一部是希尔德列斯的《白奴》。斯托夫人根据耳闻目睹的事实，描述了美国种植园奴隶主压迫奴隶的骇人听闻的兽行。该小说在很短时间内就销售了30万册，并改编为剧本在各地上演。希尔德列斯以愤怒的笔调抨击南部各州奴隶制的种种罪行，揭露南部种植园奴隶主与民主党中反动分子相勾结。他警告统治阶级："你们的镣铐力量每一天每一小时都在削弱，被压迫者的力量和他们粉碎自己身上镣铐的决心，每一天每一小时都在增强。"1859年10月，美国爆发了约翰·布朗领导的反奴隶制武装起义。起义虽然失败，但它激励

林肯的身材瘦长，他演讲时的姿态并不高雅，但用词恰当，表情深挚，听众很容易被他讲的内容所吸引。

着美国人民进行更猛烈的斗争。

　　早在1858年冬，越来越多的人已开始议论提名林肯为总统候选人的可能性。林肯表面上装作无动于衷的样子，但实际上他已开始了旅行演讲。有一次，一位叫杰西·费尔的共和党人对林肯说："你的演说在东部广泛地流行，那里的人都在谈论你。我有一个坚定不移的看法，假如你在奴隶制问题上，那深得人心的经历和不懈的努力能全面介绍给人民知道的话，那你即使不一定获胜，也能成为一个难以对付的总统候选人。"费尔接着又对大选的形势做了一番分析，然后说道："为了确保1860年大选的胜利，共和党需要一个平民出身的人物。这个人要有公认的才能，愿献身于反对奴隶制扩展的事业，历史上无懈可击，又没有锋芒毕露的激进思想。你出身寒微，只要我们把这些事实充分地让人民知道，光凭这些，你就有获胜的把握。"林肯仔细地听完费尔的话后，很平静地婉拒了他的建议和主张。此时林肯50岁了。岁月风霜和政治风暴的磨炼，已使他成为一个胸有城府与韬略、喜怒哀乐不形于色的人了。他透过社会潮汐和舆情风向看到了历史在形成，但现在时机尚未成熟，操之过急只会事与愿违。

随着时间的推移，林肯已成为共和党大名鼎鼎的人物，随着作为一名演说家和思想家的声名远扬，林肯行事已变得稳中求妥，思想先进但不激进。他的朋友说："时势可能证明别的候选人不是太老朽、太激进就是太保守，只有林肯才是最

林肯铜像，基座上镌刻着林肯的演说"更伟大的任务"。

合适的人。"

1859年，林肯一连在六七个州作旅行演讲，还不得不谢绝许多演讲邀请。他广泛了解各种政治潜流和公众情绪，会见一些次年将参加共和党代表大会的代表。这些都不是一时的应景之举，而是有其处心积虑的长远政治考虑。林肯每次演说中，闭口不提他第二年可能做总统候选人的事，每当有人提起这一话题时，他总是力图回避，说他不合适或者说共和党能选出比他更为恰当的人物。但在关键时刻，他却又当仁不让，肩负起道义的重任。他虽然从不在嘴上自己抬高自己，但他在演说中那种简明果断的语言和无懈可击的逻辑，那种对共和国命运高度忧虑的神情、语调，却使不少听众大受感染。他们蓦然感到面前站立的演讲者那高大的形象：他有冷静的头脑、沸腾的热血和为事业献身的崇高理想，这样一位无与伦比的人物定会成为精明强干的总统。

1859年12月20日，林肯觉得火候已到，便把自己所写的自传交给了杰西·费尔。杰西·费尔的一个朋友根据这份自传材料精心撰写了一篇特写，发表在报纸上。这篇特写后来被多家报纸转载，再一次激起人们对他的回忆和好感。1860年初，林肯又允许一家出版公司出版了《林肯与道格拉斯辩论集》，将他对奴隶制的观点以文字形式公之于众。他坚决反对奴隶制扩展的庄严呐喊，再次响彻于民众的耳畔。

1860年是美国4年一度的总统大选年。在国事纷争不已、南北分裂在即之时，各政党又在紧锣密鼓地进行着竞选活动。它们首先推出各自党内的总统与副总统候选人，然后党际之间进行角逐，争夺入主白宫的权利。林肯深知共和党内欲争夺总统候选人的人很多，因而他在公众面前一直有意地扮演竞争力不强的角色，以麻痹对手。但在私下，他却在暗暗使劲，志在必得。仅在

←新泽西州林肯公园入口处的林肯雕像

1959年一年里，他就旅行4000英里，为共和党作了23次竞选演说。所到处之多和范围之广超过了共和党的任何一位总统候选人。

1860年2月27日，林肯应邀赴纽约演讲。行前，他翻查了大量资料，做了充分准备。因为这次可不是站在野外的树桩上，面对草原农民讲话，而是面对大都市的"知识界和德高望重人士"。

当林肯踱着从容的步子出现在纽约市库珀学会的讲台上时，听众们看到的是一个身材瘦高、穿着一套过长的满是皱褶的新黑呢服的人。他把左手搁在上衣的翻领上，甜甜地微笑着，等待台下掌声平息才慢吞

吞地讲起来，开头毫不吸引人，以至于一些听众感到
啼笑皆非。但是随着演讲逐渐深入主题，听众全被牢
牢地吸引住了。

　　林肯深入浅出地剖析了当前的争端和人们对现实
不满的原因，引用大量确凿的材料论证共和党的观点
与"先辈们"的观点是一脉相承的。他明确宣布，共
和党既不是激进的，也不是革命的，而是继承了制定
宪法的"先辈们"优秀传统的团体。不过，"我并不是
说我们非得盲目遵照我们先辈的所作所为，不敢越雷
池一步。那样就会排斥现代经验的结论，就会故步自
封，拒绝一切进步和改良了"。有些人甚至扬言，说他
们"不能容忍选举一个共和党人做总统"，好像共和党

当年竞选总统时，林肯的支持者们使用过的宣传车之一

人当了总统，就会毁灭联邦似的。"到那时，他们会把毁灭联邦的滔天罪行硬栽在我们头上，这未免太厚颜无耻了。这好比一个拦路抢劫的强盗把手枪对准我的脑门，恶狠狠地说：'站住！留下买路钱，不然我就毙了你，而你将成为杀人犯！'"

　　这时，场内鸦雀无声，听众完全入了迷。林肯继续说道："我愿意对南部人民讲几句话。""他们认为奴隶制是正确的，而我们则认为它是错误的，这就是全部争论的实质所在。既然他们认为奴隶制是正确的，也就不能责怪他们提出承认奴隶制的要求。既然我们认为它是错误的，我们就不能对他们让步，我们就不能放弃自己的观点去投票赞成他们。"想在正确和错误之间寻找中间立场，那就会"像寻找一个既不是活着

→南方种植园的黑人奴隶正在劳动

也没有死去的人一样白费力气"。林肯最后号召："让我们坚信正义就是力量。让我们怀着这个信念勇挑重担，坚持正义，百折不挠。"

林肯卧室位于白宫二层，这里从1861年起一直到林肯1865年遇刺，都是林肯总统的办公室。虽然叫卧室，但是在林肯担任总统的日子里，他从来没有把这个地方当卧室用过。

林肯的话语戛然而止。会场顿时一派沸腾，听众纷纷拥上前去与林肯握手。记者们有的立即写出报道，惊呼"林肯在纽约的首次公开演说就造成了如此轰动的效应，这在过去是从来没有过的"。第二天，多家报纸刊登了林肯演说全文。有的出版部门还将他的演讲稿印成小册子。

1860年5月中旬之前，《林肯与道格拉斯辩论集》第4版即将面世，而林肯在库珀学会上的演说词也一版再版。大多数美国人都听过林肯的演讲或看过他的"辩论集"和"演说词"。美国人民逐渐熟悉了这位朴实、高大、能干的平民政治家，对他形成的印象是：一个在简陋小木屋出生的乡下人，为生活所迫，当过船工，劈过栅栏条，做过商店伙计，最后才当上村邮

→林肯骑马雕像

递员和律师，经过不懈的努力和顽强的拼搏，而出人头地。他的言论和思想在美国几乎家喻户晓，甚至一鸣惊人，他成为19世纪中期美国的传奇式人物。于是人们似乎幡然醒悟："啊，真是的，想想看，为啥不选林肯呀？这个人越来越中意嘛！"

为了让林肯摘取总统候选人的桂冠，林肯的朋友们和党内支持者着实铆足了劲。他们成立"林肯竞选总部"，组成一个竞选班子。这个班子里有宣传鼓动员、游说人、辩护士、谋士和啦啦队等。

1860年5月9日和10日两天，在伊利诺伊州共和党代表大会上，林肯的堂舅汉克斯按照一位律师的安排，扛着两根扎有旗子和飘带的栅栏木条走进会场。旗子上写着："亚伯拉罕·林肯，劈栅栏木条的1860年总统候选人，这是1830年汉克斯和亚伯拉罕·林肯合劈的3000根栅栏木条中的两根。林肯的父亲是梅肯县的第一个拓荒者。"会场顿时轰动起来，人们兴奋地叫喊着："林肯，林肯，说话呀！"林肯从容地站起来向大家致谢。于是欢呼声四起："为诚实的亚伯，为我们下届总统三呼！三呼！再三呼！"人们喊道："辨认一下你干的活吧！"林肯仔细打量一下木条，说："这可能是我劈的木条！不过，朋友们，我要说，我还劈过许多更好看的栅栏木条呢！"从此，林肯就赢得了两个外号："劈栅栏木条者""劈栅栏木条候选人"。

1860年5月16日，共和党全国代表大会在芝加哥召开。大会前一天，在林肯总部接待室里，林肯的两位好友哈奇和拉蒙出钱，为每个代表和重要来宾准备了雪茄烟、葡萄酒、黑啤酒、白兰地和威士忌等，好

林肯故居：很普通的美国民居——鱼鳞板式民居

→ 林肯纪念堂

让他们抽够喝足，以便能投林肯一票。从外地涌来芝加哥的4万名客人中，有一大半人终日不停地高喊拥护林肯的口号。他们有的是出于道义，有的则是缘于酒精的刺激。

西华德的支持者们也不甘示弱，他们因得到芝加哥竞选经理人的许可而得以自由出入会场。于是林肯的支持者便采取对策。他们招募1000名大嗓门的男女，手持伪造入场券挤进会场，把所有的座位和能立足的地方全都站满为止。不仅如此，林肯的支持者还专门雇了两位"特大嗓门"的人。据说一位在风平浪静之时，他的喊声可以从密执安湖的这一端清晰地传到对岸；另一位据说能发出洪钟般的大吼。坐在主席台的一位林肯的支持者库克给这两人约定，只要他一掏出手帕，他俩便开始大吼，台下的支持者们便一齐响应。

大会的最后一天即5月18日，举行了提名和投票。当一位代表起立说"我代表伊利诺伊州代表团，要求提名本州的亚伯拉罕·林肯为美国总统候选人"时，主席台上的库克掏出了他的手帕。顿时，两位"大吼"和数以千计的人便立刻发出最大音量的喊叫，如山崩地裂似的。据林肯的一位好友后来写道："5000人从座位上一蹦而起，其中有不少是妇女，发狂的吼声一如全城晚祷钟发出的巨大轰鸣。即使上千汽笛齐鸣，数百铜锣齐响，大概也会被这种震耳欲聋的声浪所覆盖。"

选举的最终结果：林肯被确定为美国第16届总统

← 林肯雕像

候选人。歌声、笑声、钟声、笛声、炮声，在大厅内外汇成一片欢乐的海洋。

预选刚刚结束，全国性的大选又拉开了帷幕。总统候选人与正式总统之间还有关键性的一步，林肯为此还需做最后的冲刺。

成批成群的演说家纷纷发表演说，为共和党夺取竞选胜利而大造舆论。他们通过辩论，列举数据，追溯历史，做出承诺，来广泛激发群众的竞选热情。不久，一本标题为《亚伯拉罕·林肯其人》的小册子面世。小册子的印刷极为精美，共发行100万册。这本小书向全美读者系统地介绍了林肯的家庭、亲属、作风、仪表、信仰和政策等，以便让公众对林肯有一个全面整体的了解。在介绍林肯所受的教育时，书中写道："他没有受过高等教育，实际上在他开业当律师之前，他连大学和专科学校的门槛都未迈进过。直到23岁之后，他才开始学习英语语法，出任一届国会议员后，他才学了几本欧几里得的几何书。到了40岁，他就整天埋头到繁重的律师业务中去了。"他从"劈栅栏条、拉大锯、挥长斧和各种各样的农活中"懂得了劳动的艰辛。他擅长各种体育运动，"在摔跤、跑步、跳跃、投掷等项目中超过同龄人"。为数众多的美国人都被林肯的奋斗精神和坚强性格感动不已，并油然而生出敬意。

　　整个1860年夏天，林肯看到人们已经把他塑造成一个英雄的形象。几百个竞选演说家、几百家报纸都对他推崇备至，称他是"亚伯""老亚伯""劈栅栏木条的候选人""边疆林区人""诚实的亚伯""人民的公仆"以及"足智多谋、能言善辩的当代伟人"等等。

　　鉴于民主党内部的分裂，身为共和党人的林肯似乎更加对自己的当选充满了信心。渴盼而又令人心焦的那一天终于到了。大选在11月6日举行。从上午9点起，林肯就一直坐在斯普林菲尔德的电报局里，等

美国发行的第十六任总统林肯一美元纪念币

候大选的结果。当一位信使冲进屋里，挥舞着手中的电报说，纽约州已被共和党夺过来的时候，林肯心中的石头才落了地。他轻松地嘘了一口气，因为他知道自己当选总统已成定局了。

　　林肯当选总统的消息传出后，在州议会大楼周围和大街上，人群熙熙攘攘，狂喜的人们忘情地欢呼，把嗓子都喊哑了。

　　林肯步行回到家中，心情平静地对妻子说："玛丽，我当选了。"

→林肯坐照

临危受命

> 海是那么大，那么深，它包藏了那么多的没有人知道过的秘密，它可以教给你许多东西，尤其是在它起浪的时候。
>
> ——巴金

林肯顺应时势，在北方广大人民群众的拥护下，终于入主白宫，成为美国第16届总统。然而成功的喜悦在他脸上并未停留多久就消逝了，随之而来的便是一种忧郁焦虑的表情。他深知这不是角逐的结束，而是一场残酷斗争的开始。在南部的10个州里，林肯没有得到一张选民票。可以说，他当选总统是美国开国以来最带有地方性色彩的一次选举结果。当时的美国政局岌岌可危，南北矛盾一触即发，美国和它的总统正面临着美国有史以来最严峻的考验。

林肯从当选到就职共计4个来月时间（1860年11月6日—1861年3月4日）。在这段时间，美国联邦面临着分崩离析的危险。南方各奴隶主发出狂叫："让南

总统巨石像，又名总统山，位于美国南达科他州境内的拉什莫尔山的东南坡上，是世界上最大的人面雕刻。拉什莫尔山由于山上雕刻着四位美国总统的头像而得名"总统山"。这四位总统是美国开国总统乔治·华盛顿，《独立宣言》起草人之一的美国第三任总统托马斯·杰斐逊，美国维护联邦统一、取得南北战争胜利的总统亚伯拉罕·林肯，现代美国之父、第26任总统西奥多·罗斯福。林肯在最右侧。

部打着旗帜，吹着喇叭走吧。……为分离欢呼吧！让各边界州都走吧！我们友好地分手得了。这样联邦便寿终正寝，南部就再也不憎恨北部了。"在这些日子里，林肯还收到了众多的各种信件，把他说成是给国家带来灾难的猩猩、猿猴、小丑、魔鬼、畸种、白痴，祈求上帝鞭打他、烧烤他、折磨他，有的干脆在他的肖像前画上绞刑架和匕首。林肯的妻子还收到一幅油画，画面上的丈夫脖子上套着绞索，脚上锁着铁镣，身上涂着柏油，还沾上了羽毛，等等，极尽谩骂侮辱恐吓之能事。美国颇有影响的《纽约先驱报》在一篇社论中公然劝说："眼下林肯有一个大好机会可以避免迫在眉睫的毁灭之灾，而且使他比跻身总统职位更能名垂史册。假如他在这一关键时刻主动退出冲突舞台，不去就任总统，而把位子让给某个双方都可以接受的全国性领袖，他必将在爱国主义方面与华盛顿总统媲美。"该报接着威胁道："如果他坚持目前的立场，……他将踉踉跄跄地走进耻辱的坟墓，也许由刺客之手把他赶出去。事后，他将在人们的心目中留下一个

这是1861年3月4日亚伯拉罕·林肯第一次宣誓就任总统时的情况。照片显示的是美国国会大厦东侧的人群，当时这里仍在施工。

比卖国贼更可鄙的印象。"

面对阴谋分子和野心家们的叫嚣，林肯的答复是，他不能坐视这个政府遭到毁灭。"我宁死不同意，也决不会劝告我的朋友们同意我们做出任何让步或妥协，因为人们会认为，我们是用让步和妥协来换取执掌这个国家权力的，而实际上，我们的权力是宪法授予的。"他在写给友人们的信中说："决不准奴隶制度扩展一步，在这一点上要像用钢链拉住一样坚定不移。一场恶斗必将来临，与其在今后某个时候出现，不如现在就来临为好。"

为了维护奴隶制度，南部种植园奴隶主肆无忌惮地制造分裂活动。1860年12月12日，南卡罗纳州首先宣布退出联邦。接着，密西西比、佐治亚、亚拉巴马、佛罗里达、路易斯安那、得克萨斯6个蓄奴州也相继宣布脱离联邦。1861年2月4日，退出联邦的各州在亚拉巴马的蒙哥马利召开了代表大会，宣布成立"南方各州同盟"，并制定了新宪法，选举种植园奴隶主的大头目杰弗逊·戴维斯为总统。在这之后，弗吉尼亚、阿肯色、田纳西和北卡罗来纳也先后宣布退出联邦，加入同盟。它们以弗吉尼亚的里士满为首都，公开打起叛乱的旗帜。

面对这一切，林肯毫不退缩。他心中念念不忘的是受任于危难之际，就要以大无畏的英雄气概去迎接严峻的挑战，拯救联邦，维护国家的统一。

在去华盛顿宣誓就职之前，林肯会晤了新当选的副总统哈姆林，商定了新的内阁组成人员。他还遴选了两位随身秘书，并将他的好友拉蒙叫到身边，随同他去华府工作。一切就绪后，林肯夫妇便于1861年2月6日举行家庭告别晚会，准备登程赴华盛顿参加总统就职典礼。

1861年2月11日，天气阴冷，细雨迷蒙。1000多位故旧好友和邻里乡亲赶到斯林菲尔德火车站为林肯送行，大家的脸上都挂着庄严肃穆的表情，心里都隐隐约约地感到林肯此行任重道远，危难时期的前程充

←处决奴隶交易者，纽约，1862年2月21日

→林肯雕像

满着坎坷。林肯在车站望着送行的人们，取下自己的帽子，做了一场即兴的临别演说："朋友们，乡亲们！假如你们不是处于我的境地，无论谁都体验不到我此时此刻的伤感之情的。所有我的一切，都要归功于故里和父老兄弟的关照。我在这里生活了1/4个世纪，由一个青年变成一个老人。我的孩子们都生于斯长于斯，有一个还埋葬在这里。我现在就要启程了。我面临的使命比当年落在华盛顿肩头的还要沉重。我不知道什么时候才能回来，也不知道还能否回来。……我向你们亲切告别。"

发车的铃声响了。火车徐徐启动，载着林肯和千千万万乡亲挚友的祝福，驶向变幻莫测的远方，渐渐消融在苍茫的雨雾中。当列车行进到伊利诺伊州最后一个停靠站时，林肯又向聚集在月台上的老乡亲友话别："我离开诸位是去担当国家的重任。正如大家知道的，那是一项十分艰巨的工作，但我们确信，就像某个诗人所说的那样，'漫天乌云遮不住，太阳依旧送光辉'。我谨向诸位亲切告别。"

林肯在从斯普林菲尔德到华盛顿的长途中，会晤了5个州的州长和一些议员，接见了政治、金融、运输等行业的领袖，向千百万群众发表了二十几篇演说，同成千上万的人握过手，受到当地政府和人民群众的热烈欢送。在弗里敦镇车站，一个挑煤工人在人群中大喊："亚伯！大伙儿都说你是美国最高的人，但我相信你不会比我高。"林肯回答说："你到这儿来，让我们比比看。"那个满身灰尘的挑煤工人穿过人群走上前来，两人背靠背地站在一起，正好一般高。人群一下子欢呼起来。这两个高个子咧开嘴笑着，彼此相互握手。

林肯到达弗拉德尔菲亚时，一位铁路侦探阿伦·平克顿向他报告说，阴谋分子计划后天当火车途经巴尔的摩时下手暗杀他。他建议林肯当晚就

林肯墓。前墓室有左、右两条通道通向后面的主墓室。通道旁置有一些铜像和镌刻有林肯著名演说的铜板，其中包括林肯在葛底斯堡的那篇著名的演说。

→林肯总统博物馆正门

离开这里悄悄去华盛顿，使敌人的预谋落空。林肯认真地考虑了一会儿说，他对这个建议很感激，但他不能在今晚去华盛顿，因为他已答应明早在这里的独立厅升旗，然后再去哈里斯堡州议会访问。他说："不管付出什么代价，我都一定要履行这两个诺言。在此之后，我考虑你们可能采取的任何计划。"

第二天正是美国开国总统华盛顿的生日。早晨6点钟，林肯在礼炮声和群众的欢呼声中把国旗升到独立厅的上空。而后他去访问了哈里斯堡州议会。他对该州州长致谢辞时说："在伟大职责的重担下，他怀有一颗正直的心，并将坚定地依靠人民——如果我自身的力量不足，我将求助于人民群众，我认为他们在任何情况下都会无往而不胜的。"活动完毕后，当晚在有关人员的周密安排下，简单地化了装的林肯与拉蒙悄悄地登上只有两节车厢的列车，风驰电掣般地驶向华

盛顿。车上没有一丁点儿灯光，拉蒙随身携带两支普通
手枪、两只大口径的短筒小手枪和两把锋利长刀。所有
的电报电信全部中断，一切都处于严密的封锁状态之
中。2月23日早晨6点，林肯平安地到达了华盛顿。

　　1861年3月4日，是林肯就任美国第16任总统的
日子。这天早晨天气晴朗，后来却变得阴冷起来，寒
气袭人。林肯来到国会大厦东廊下的露天讲台上，宣
誓就职。在首席法官的主持下，他把左手按在《圣经》
上，举起右手复诵着宪法所规定的誓词："我庄严宣
誓，我将忠实地履行合众国总统的职责，我将尽我最
大的努力保持、维护和捍卫合众国宪法。"随后，林肯

　　林肯的全家福：亚伯拉罕·林肯，他的妻子玛丽·托
德·林肯，还有他们的儿子。

发表了"由理智与感情交织而成的"就职演说。受命于危难之际的林肯总统，在演说中庄重声明，他决心诉诸宪法和民族统一的原则，捍卫联邦，保护美国的民主传统和民主体制。他警告分裂主义者："我的不满意的同胞们，重大的内部问题是掌握在你们的手里，而不是掌握在我的手里。"

这样，林肯便接过前任总统留下的烂摊子而走马上任了。他所面临的严峻形势，是以往任何一位总统所未遇见的。充分意识到了这一点的林肯，决心挽狂澜于既倒，扶大厦之将倾。这种时运的"不幸"，反而将林肯造就成一个历史上伟大的人物。

亚伯拉罕·林肯总统博物馆内蜡像，林肯一家在华盛顿白宫

内战爆发

气度狭小就被逆境驯服，宽宏
大量则足以把逆境克服。

——欧文

林肯经过精雕细刻、着意润色的就职演说，成了
全国关注的中心。人们争相阅读报纸，一时"洛阳纸
贵"。林肯就职演说稿所拥有的读者范围之广和人们对
它逐句斟酌之细，都是以往任何一位美国总统的言论
所不可相比的。无数的美国人都被这篇充满着安抚与
和解、希望与理想、告诫与批判、忧虑与期待、雄心
与决心的演说词所感染所折服。但是，南方的奴隶主
们却根本听不进去，他们一意孤行、磨刀霍霍，准备
大干一场。

当时在联邦控管下的南方要塞，只剩下南卡罗来
纳州查尔斯顿港的萨姆特堡了。它是一个象征，一个
捍卫联邦决心的象征。1861年4月12日，南方军队首
先炮击并于14日占领萨姆特堡，点燃了内战的导火
索。15日，林肯被迫宣布南部各州阴谋叛乱，号召人

民为恢复联邦的统一而战。自此，长达4年之久的美国内战爆发了。

林肯向全国发出征兵宣言，号召全体忠诚的公民起来保卫联邦和人民的政府，"消除那些早已令人忍无可忍的罪行"。北方数以千计的城镇和农村纷纷响应，自愿兵的队伍迅速扩大。各地工会积极动员工人投入反对南部种植园主的斗争。费城工会通过决议，誓与南部奴隶主斗争到底；铸工工会则立即组织了自己的工人连队，奔赴前线。征兵宣言发出两个月后，陆军部长凯麦隆向林肯报告说，志愿兵已有5万余人，正在华盛顿周围集结待命。北部各地征募的兵员已达22万余人。作为这支庞大军队最高统帅的林肯总统自豪

→ 和平缔造者 油画 林肯总统（图中右二）

地说道："当前政府手中有一支如此庞大的军队，这是前所未有的。这支军队里的士兵，没有哪一个不是自觉自愿地站到自己岗位上来的。"

这张照片拍摄于1941年。照片中的人物曾是亚拉巴马州的一位黑人女奴，她连自己的名字都不知道。

就这次战争的性质而言，北部进行的是反奴隶制的正义战争，因而得到工人、农民、黑人和工商业资产阶级的支持。南部种植园奴隶主进行的则是巩固和扩大奴隶制的非正义战争，因而遭到全国人民的反对。就南北双方力量对比而言，当时北部力量优于南部。北部有23个州2200万人口，有发达的工业、丰富的粮食和充足的兵源；而南部只占有11个州，人口仅900万，其中有390万是黑奴，工业薄弱，粮食不足。由此可见，只要北部有决心，发挥潜力，平定南部叛乱，必胜无疑。

然而在战争初期，林肯对战争的问题却有些不忍。一个名叫埃尔斯沃思的年轻上校在收复亚历山大镇时，为了扯下叛乱者的旗帜，被一个潜伏的枪手杀害。林

1861 年 12 月 28 日，来自美国密苏里州西部联盟难民。

肯僵直地立在死者面前，当一个记者向他走过去时，他突然转过身来说："原谅我，我讲不出话来。"使记者们吃惊的是，总统像孩子一样抱头痛哭，他呜咽着："我的孩子！我的孩子！难道非做出这样的牺牲不可吗？"林肯就是在这种极度矛盾的心情下，领导着一场骨肉相残的战争。他在就职演说中曾经说道："我们并非敌人，而是朋友，我们决不要成为敌人。虽然情绪已经很紧张了，但它绝对不会割断我们之间的友情。"看来，这只是他一厢情愿的事，南部奴隶主用刺刀回答了他。

战争开始，北军节节败退。1861 年 7 月 21 日，南北双方军队在布尔河展开第一次大会战。由于北方的人民和军队过高地估计了自己的力量，未做充分准备。会战那天，北方的民众成群结队地骑马乘车，赶赴战场，以便一睹为快。一些好奇心重的民众甚至携带盛有午餐的提篮，活像去郊外野餐游玩似的。他们对战争抱着强烈的乐观情绪和必胜信念，早已把死亡的危险忘到脑后，以为像玩似的就可把南军击垮。然而，事与愿违。会战的当天下午，林肯总统接到一份从布尔河会战前线发回的急电："战斗失利。火速拯救华盛顿和本军残部。溃军已无法重整。"无疑，北军在这次会战中大败。据目击者说，在溃退的20英里长的路上，到处散乱地丢弃着帽子、大衣、毯子、干粮袋、水壶、步枪、毁坏的马具和底朝天的大车；成千上万的士兵丢盔卸甲，惊恐万状，一窝蜂似的逃回华盛顿；前往观看热闹的国会议员、官僚政客、记者闲人和身着艳裙美衫的太太、小姐们更是狂奔乱跑，纷纷作鸟兽散。南军乘胜追击，已逼近华盛顿。在华盛顿岌岌可危之际，南军却主动撤退了。原来，南部的390万黑

←1861年，北方军队后方制造战争物资的场景

→林肯与一位刚刚获得自由的黑人妇女合照

奴是一座随时都会爆发的火山，南方奴隶主担心后院起义，不敢恋战。

初战失利，使沮丧悲痛的气氛笼罩在华盛顿上空。人们愁眉苦脸，兵营士气低落。在有的人追究失败的责任、有的人为失败找借口之际，林肯却深入兵营，鼓舞斗志。一天，他和国务卿华西德一道乘敞篷马车，来到波托马克河对岸，遇见了曾在布尔河战斗过的薛尔曼上校。林肯说："听说你们已经克服了那场恐慌，因此我想过来看看小伙子们。"在营地里，林肯向士兵们做了一次"最简洁、最广泛、最感人肺腑"的即兴演讲。他谈到国家的灾难，谈到了将士们肩负的崇高使命以及光辉的未来，成功地安顿了军心。

战争的非常时期，使国会在1861年8月初通过一项决议，授予总统进行战争所需要的几乎一切权力。这样，林肯便成为一个大权独握的执政者。

1861年10月里一个分外明媚的日子，北军又遭惨败。当时北军3倍于敌军，配有最优良的武器装备，但波托马克军团司令官麦克累伦却采取消极防御的方针，再加上高级将领通敌，致使华盛顿西北角53公里处的一个战略要地失守。林肯的爱将和密友爱德华·迪·贝克将军在突围中阵亡。噩耗传来，热泪顺着林肯布满皱纹的双颊直往下淌，胸部沉重地起伏着。一名随行记者写道："他走上街时，都差点摔倒。我们赶忙扑上前去搀扶他，他总算没有栽倒在地。"

将帅无能，贻误战机，北军连连受挫。1861年11月，林肯将麦克累伦提拔为陆军总司令。事实证明，林肯用人不当。麦克累伦是一个纸上谈兵、好搞花架子的庸将，且拥兵自重、飞扬跋扈。11月的一个夜晚，

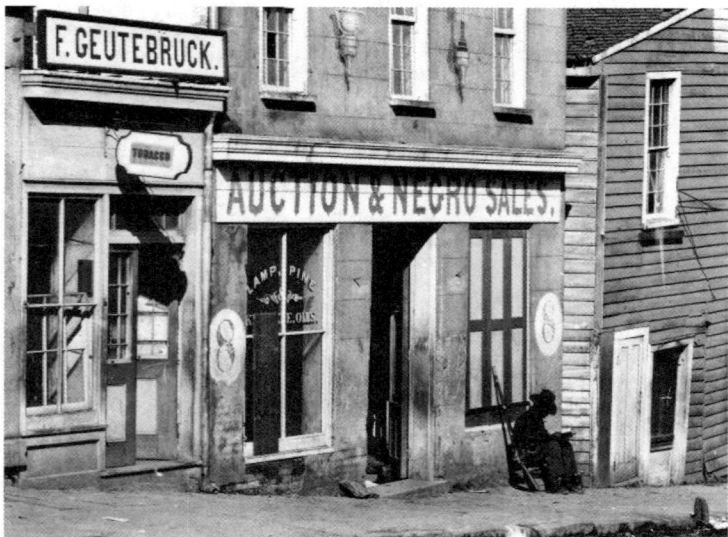

← 佐治亚州亚特兰大市的奴隶市场

林肯同国务卿西华德一起去看望新任陆军总司令的麦克累伦。他们来到他的寓所时，仆人告诉林肯，将军参加婚礼去了，很快就会回来。他们进屋等了约一个小时，麦克累伦回来了，守门人告诉他总统正在客厅里等着他，但麦克累伦却旁若无人地经过客厅门口径自上楼去了。他们又等了半个小时光景，仍不见主人驾到，就只好再派仆人上楼传话。但他们得到的回答是"将军已经上床睡觉了"。随行的秘书认为，这样有意怠慢总统，是对总统尊严的侮辱，也是军方妄图凌驾于文官政府之上的一个征兆。但林肯却说："在这种

伊利诺伊大学厄巴纳·香槟分校位于伊利诺伊州的双子座城市香槟和厄巴纳，是美国总统林肯于1862年签署《赠地法案》后建立的许多公立大学之一。

Abraham and Mary Todd Lincoln

←林肯与夫人

紧要关头，最好不要去计较繁文缛节和个人尊严。"后来又说："只要麦克累伦能为我们打赢这场战争，我情愿为他牵马。"

内战初期，林肯的联邦军队到处碰壁，始终不能摧垮南方同盟军，这与他没有找准一个军事首脑来指挥战局关系极大。有了卓越的统帅，才能运筹于帷幄之中，决胜于千里之外。

美国内战进展到了1861年冬季，仍然看不到胜利的曙光。麦克累伦迟迟不展开军事行动，对总统的军事建议又常常置之不理。撤换他吧，一时又找不出一个恰当的人选去替代他，这使林肯产生了亲临战场的想法。他从国会图书馆借来军事论文仔细研读，还同精通战争理论的军官们做过长时间的深谈，掌握了一些军事要领。

　　林肯为了让麦克累伦明白是谁在掌握着国家的中枢，便发布第1号总作战令，对各路部队的调遣、进攻目标、进军路线都做出了具体的部署。但麦克累伦仍然按兵不动。为此，林肯不得不公开直接地处理该兵团的事务。他接连发布了第2号和第3号总作战令，将麦克累伦的兵团分成4个军，并为每个军具体安排了指挥官，终于迫使麦克累伦行动起来，但进军速度极为缓慢，结果大失战机。

　　1862年6月26日—7月2日，在里士满城下的"七日之战"中，北军再次被南军击败，退守华盛顿。这次战役的失败，给林肯的打击特别大，他后来说道："我伤心至极，简直没有什么能够安慰我一下。我看麦克累伦简直是在迷魂阵中打转转，陷于走投无路之境。

→骑着马的林肯

自从他向南方进军以来，他一直呼救不止，总想旁人能把他从深陷的泥坑中拯救出来。"

1862年8月29日，北军约翰·波普将军率领8万人与南军5.4万人在布尔河相遇，打响了布尔河二度会战的枪声。这一持续两天的大战中，又以北军损失1.4万人而告终。北军将领失和、互不协作是这次会战失败的主要原因。在整个战斗中，麦克累伦玩弄权术，按兵不动，幸灾乐祸地坐看波普军被敌人乘机智取，遭受包抄、分割、奇袭、骚扰和打击而不顾。直到波普兵员被大量杀伤被逐出布尔河阵地，他都没有派出一兵一卒前去支援或策应。

麦克累伦的无能、狭隘、骄傲、怠惰等，激起了社会各界的强烈不满。内阁里也爆发了倒麦克累伦的狂飙，矛头甚至直指总统的用人失察。实际上，早在1862年3月，林肯就解除了麦克累伦陆军总司令之职，同年7月由哈勒克将军接替；11月，林肯又解除了麦克累伦波托马克军团司令一职，由伯恩赛德将军取代。从内战爆发到现在，林肯始终未能找到一个用兵如神的将帅来重创南军，总是从矬子里拔大个儿，并再三失误。事实上，这两个人也是银样镴枪头——中看不中用。多次战场较量的败北，使林肯常常思索这样一个问题：对于合众国的将领，他是否要一个个地都试

用一遍？这种状态要持续多久呢？

伯恩赛德的最大缺点是急功近利，独断专行。他到任后同敌人的第一次交锋就遭到惨败，部队伤亡1.2万多人，超过了敌人伤亡的两倍。1863年1月25日，林肯又任命约瑟夫·胡克接替伯恩赛德为波托马克军团司令。但是胡克作为第三个试用将军，也有其致命的弱点，即有勇无谋，不善韬略。林肯和不少人对这位仅是悍将而非帅才的人寄予了过高的期望，看来又只能落空了。1863年5月2日，在钱瑟勒斯维尔会战中，胡克军大败，伤亡万余人。林肯在得悉战败的电文时，脸色刷地变白了，连声号呼："我的天啊！我的天啊！全国人民的意见会有多大！全国人民的意见会有多大啊！"1863年6月28日，林肯在忍无可忍的情况下，撤换了胡克，由乔治·米德接替他的职务。这是

→胡克将军率领部队时的情景

林肯第四次"试用将军"了。在两年多的时间里，光是京畿卫戍部队的波托马克军团就四易主帅，从中不难窥见美国内战的激烈和残酷的程度。

米德虽然在被委任波托马克军团司令之前，曾历经过多次战斗，但他从未组织过任何战役，也缺乏指挥大部队在广阔战线上正面作战的经验。所以当他被总统任命为军团司令时，最初的反应是相当勉强的，但军令难违，也就只好硬着头皮干了。1863年7月1日，南北两军在小镇葛提斯堡不期而遇，展开了内战以来最大的一场会战。战斗持续了3天，十分惨烈。在各个山头和草地上，死尸横七竖八地重叠在一起。事后有人计算了一下，有一棵树遍布250个弹孔，另一棵也中了110弹。北军死伤、失踪2.3万人，南军损失2.8万人。

在葛提斯堡战役中，北军的士兵们打得十分英勇顽强。他们都明确自己参加战争的意义是：为了保卫自己的家园和妻儿而战，为了保卫自己的土地和牲畜而战，为了抗击南来的入侵者而战。再加上他们的弹药充足和得力的后勤保障，因而使远离后方、弹药有限的南军，在这场战役中遭到失败。不过，米德并未迅速地追击围歼残敌，致使南军骁将罗伯特·李率领残部安然无损地溜走了。针对这次失误，林肯给米德写了一封措辞严厉的信："我认为你没有估计到李军脱

逃所造成的严重后果。罗伯特·李原本成了你的瓮中之鳖，假如你跟踪合围，就可以把他们全部捕获。假如能做到这一点，再加上我们最近取得的其他胜利，战争本可以结束……你错过了大好时机，我为此极感痛心。"但这封信林肯并未发出。后来林肯提起这件事时说："我们难道能仅仅因为他没有再多做一点事而去责备他吗？他已经替国家做了不少工作了。"

林肯总统这一次并未革去米德的职务，而是以爱护和体恤之情去宽容一个将领的失误。这是因为，他从另一个将领——格兰特的身上，看到了胜利的曙光。这一曙光此时已越来越亮，离驱除黑暗、喜迎旭日的那一刻已为期不远了。

→林肯雕像

慧眼识珠

> 由羊率领的狮子群打不过由狮
> 子率领的羊群。
>
> ——拿破仑

在美国内战硝烟四起而北军屡屡受挫的那些阴沉的日子里，一员虎将脱颖而出。他具有卓越的军事才能和作战方略，金戈所指，所向披靡，深得林肯总统的赏识和青睐。他，就是乌利斯·辛普森·格兰特将军。

1862年2月6日，格兰特准将在海军的一个分舰队的护送下，溯田纳西河而上，抵达南军战略据点亨利要塞外围。在猛烈炮火的支援下，格兰特率部冲进要塞，夺下敌方旗帜。南军见势不妙，撤向坎伯兰河畔的唐纳尔逊要塞。格兰特乘胜追击，奔袭12英里，挥军直指唐纳尔逊要塞。当时要塞内有敌军1.8万人，格兰特所部连同后来的援军共计2.7万人。双方战斗十分激烈。2月16日，在格兰特的凌厉攻势下，敌军伤亡1700余众，渐渐不支。要塞司令巴克纳将军要求停战

讲和时，格兰特将军斩钉截铁地回答说："除了立即无条件投降外，任何条件都不能接受。"南军将领巴克纳无奈，只好无条件投降，1.3万余人乖乖地成了北军的俘虏。格兰特将军又一鼓作气，率部向敌人境内推进200英里，在田纳西州得到了一个稳固的立足点。

格兰特在西线初战告捷，使北方长期存在的悲观情绪为之一扫。美国人民对这位崭露头角的优秀将领开始刮目相看，还给他取了一个绰号——"限令无条件投降"的将军。格兰特为联邦事业取得的第一个引人注目的胜利，也使林肯忧郁烦躁的心情为之一振。唐纳尔逊要塞的攻克，不但是联邦政府扭转整个战局的序幕，而且更加激发了北方人民的爱国热忱。为此，林肯不顾一些庸夫怯将的妒意谗言，硬是把格兰特提

→俯拍林肯纪念堂

升为少将。

占领唐纳尔逊要塞后，格兰特将军又开始了新的战斗部署。从 1862 年秋一直到 1863 年 7 月 1 日，他不断地在维克斯堡四周调兵遣将，务必拔下这个南军在其大后方固守的最后一个、也是最重要的战略据点。

←林肯没有留胡子的照片

维克斯堡矗立在密西西比河岸。如果这个据点丢失，整条密西西比河将落入联邦之手。为此，南方奴隶主头子杰弗逊·戴维斯不惜派出自己的爱将彭伯顿中将，统率 3 万重兵死守。格兰特将军采取的战略是围攻打援，即用围困的方式迫使饥饿的维克斯堡守军投降，同时打击驰援维克斯堡的其他南军。他命令自己的部队，逢山开路，遇水搭桥，修筑工事，奔袭合围。战士们泡在战壕中齐腰深的泥浆里站岗，在湿漉漉的泥地上露宿，顶着瓢泼大雨紧急行军，还要忍受疟疾、麻疹、天花和腮腺炎等

→在宾夕法尼亚州大战插图

多种传染病的侵袭和折磨。在顽强的战斗和紧急的行军中，他们摸透了密西西比河的每一处河滩和每一道港汊。

受困敌军的粮食一天一天地吃光了。到1863年6月下旬，在最后一只狗被宰杀充饥后，就只好以老鼠、嫩枝和树皮果腹了。为了拯救远隔千山万水的彭伯顿于灭顶之灾，戴维斯一面电令他的爱将固守待援，一面下令罗伯特·李亲率8万人马北犯宾夕法尼亚州。他们指望采取那种犹如中国古代"围魏救赵"的策略，就可以让彭伯顿起死回生。谁知林肯总统并未让罗伯特·李牵着鼻子走，而是指示米德将军带着他的波托马克军团紧随其后，捕捉战机，打个漂亮的歼灭战。

　　尽管米德后来并未完全按照林肯的战略方针行事，但毕竟也重创了敌军，使他们在付出2.8万人的代价后，仓皇逃回了南部。

　　时间一个月一个月地过去了，维克斯堡的守军还不投降。这时在北方一些人的眼中，格兰特是在干一件蠢事。他们大肆贬损格兰特，要求林肯总统以国事为重，尽快撤换格兰特。但林肯却力排众议，坚持把格兰特留在指挥岗位上。

　　格兰特精于韬略，善于用兵。当他发现一个计策不行，便又重新制定另一方略，但拿下维克斯堡，则是他始终不渝的战略目标。一次，林肯总统一连10天光景没有得到格兰特方面的丝毫消息，原来他率领部

←林肯故居，两层楼，后面有一个小院

队在20天里强行军180英里，沿途打了5仗，仗仗胜利，以较小代价歼灭了大量敌人，俘虏南军6000人，缴获大炮90门。

　　围攻打援战一直持续到1863年7月4日，彭伯顿才在内外交困、粮尽援绝的情况下，率部3万余众向格兰特投降。当这些饿瘪了肚皮的俘虏在宣誓效忠联邦政府之后，就全都被释放了。对此，格兰特解释说："他们大多数来自西南各州，我知道他们中的许多人都已厌战，希望能早日回家团聚。"

　　维克斯堡大捷的消息像长了翅膀一样飞遍了北方的上空。广大公众欢呼雀跃，数以百计的大小城市都在鸣钟放炮。人们举行火炬游行、讲演会、歌唱会、

→ 1863年11月19日林肯演说现场

舞会、茶话会等等，以示庆祝。白宫前面，人山人海，歌声如潮，人们尽情地向总统欢呼。在这万众欢腾的场面下，林肯向人群发表了鼓舞人心的讲话。他说："先生们，对于这样一则特大喜讯，我都高兴得不知说什么才好，难以找到堪配这一光荣时刻的词汇。"他盛赞官兵们英勇善战，为捍卫联邦的统一而不惜血洒疆场，马革裹尸。

1863年7月接连发生的葛提斯堡会战和维克斯堡大捷，彻底扭转了整个战局。葛提斯堡会战是美国内战的一个重要转折点，南军受到重创后，虽然侥幸逃脱被全歼的命运，但从此一蹶不振，再也无力大举北犯了。而维克斯堡大捷，也是扭转整个战局的关键战役之一，尤其在大捷的第5天，即1863年7月9日，南方重要的出海口赫得森港为北军占领。至此，密西西比河已被完全打通，南方同盟被分割成东西两半。困守东南一隅的同盟军主力失去了西南大后方的依托，力量大减，补给几乎中断。于是他们犹如热锅上的蚂蚁，惶惶不可终日。

维克斯堡的辉煌战绩，使格兰特成为北军中的佼佼者和传奇性人物。有了智勇双全的格兰特以及林肯对他的爱护和重用，再加上北军在秣马厉兵上的优势，这场战争的结束只是个时间早晚的问题了。

解 放黑奴

> 凡是为人民解放事业而奋斗的，
> 或是为捍卫真理而忍受穷苦的人们，
> 才是英雄。
>
> ——马蒂

美国南北战争的爆发，实质上是两种不同社会制度矛盾激化的结果。马克思指出："当前南部与北部之间的斗争不是别的，而是两种社会制度之间的斗争，是奴隶制度与自由劳动制度之间的斗争。这个斗争之所以爆发，是因为这两种制度不能再在北美大陆上和平共处。"（《论美国内战》，人民出版社1955年出版，第79页。）

林肯对奴隶制不满由来已久，但他却不想立刻推行废奴主张。他原打算通过妥协的方式，让南方叛乱的各州重新回到联邦的怀抱，实现联邦的完整统一。但南方奴隶主却一意孤行，公开以武装叛乱的方式欲求独立。这样，南北战争便不以林肯的意志为转移而轰然爆发了。在这种情况下，林肯迫不得已，只好进行武装反击。1862 年 8 月 22 日，他在一封公开信中说：
"在这场斗争中，我的最高目标是拯救联邦，而不是拯
救或摧毁奴隶制。如果我能拯救联邦而不解放任何一
个奴隶，我愿意去做。如果为了拯救联邦需要解放一
切奴隶，我愿意去做。如果为了拯救联邦需要解放一
部分奴隶而保留另一部分，我也愿意去做。我在奴隶
制和黑人问题上所做的工作，是因为我相信那将有助
于拯救联邦；我所以克制不做某些事情，是因为我认
为那将无助于拯救联邦。"林肯之所以这样做，主要是
出于策略方面的考虑：激发北方白人官兵的战斗热情
和不使剩下的几个边界州脱离联邦。内战爆发不久，
当有人敦促林肯颁发解放黑奴宣言时，林肯回答说：

成千上万获得自由的黑人纷纷加入联邦的军队

→林肯总统博物馆大厅内的蜡像：北军将领

"一个人在前面走得太快而使全国跟不上来，那是没有任何好处的。"随后他又补充道："你知道一句古老的拉丁格言吗？'逐渐加快'。"林肯似乎在等待时机成熟。

北部屡次溃败的情况，激起了人民的愤慨，纽约和其他城市群众举行示威游行。工人、农民和小资产阶级知识分子要求林肯政府清洗军队和国家机关中的怠工者和反革命分子，立即解放黑奴，将土地无偿分给农民。前线的失败和后方群众运动，迫使林肯放弃了最初的妥协政策，同时他也看到了时机日益成熟，因而采取了一系列革命措施。

1862年5月20日，林肯总统签署了著名的《宅地法》。法案规定，凡属美国公民或持有要取得美国公民资格的初步申请书的人，只要交付10美元登记费，就可以领到160英亩（相当于65公顷）土地，在这块所得土地上耕作5年后，便成为土地的主人。《宅地法》

是按照"美国式的道路"来解决土地问题的。这项革命措施的实行在当时具有重大的意义，它既激发了人民群众对奴隶主作战的积极性，又堵塞了奴隶制度向西部扩展的道路，为美国资本主义农业的迅速发展创造了十分有利的条件。

林肯总统签署《宅地法》的消息传出，人们欢欣鼓舞，奔走相告："只要你愿意在一块地上定居和耕作5年，就可以不花一文钱得到一处肥沃的大农场，这是当真？"消息飞到了欧洲，于是成千上万的英国人、德国人、爱尔兰人、斯堪的纳维亚人都纷纷涌来美国发财，许多人一到达美国就不胜惊叹："多妙的国家啊！土地都能白给！"

林肯逝世的民宅外的金属牌上写着——亚伯拉罕·林肯逝世于此宅。

→美国内战插图

　　到了 1862 年夏，越来越糟的形势促使林肯对解放奴隶的事宜不再迟疑。他说："形势每况愈下，我终于不得不承认，按照原来采取的方针，已经到了山穷水尽的地步，简直是无路可走了。我们不得不改变策略，否则就要满盘皆输。为此，我决定采取解放'黑奴'的政策。""当解决奴隶制的时机到来时，我确信我一定会尽我的职责，哪怕付出我的生命也在所不惜。先生们，一定会有牺牲的。"

　　1862 年 9 月 22 日，林肯召开内阁会议，庄严地宣读了《解放黑奴初步宣言》的草稿，并根据内阁成员的意见做了修改。9 月 24 日，宣言公开发表了。宣言指出："联邦政府为了把战争继续进行下去，要解放边界州的奴隶，并把他们移植到国外去；凡属叛离合众国的各州或各地区内的一切奴隶，均应从1863年1月1日起永远获得自由，而联邦政府将承认并维护这些人的自由。"

解放黑奴初步宣言，触怒了南方奴隶主和欧洲贵族。在美国南部，政客、演说家和报纸都大骂林肯侵犯了私有财产权，鼓动黑人烧杀奸淫。他们把林肯称作"魔鬼"。伦敦《笨拙》周刊画了一幅林肯漫画，把他画成一个头上长角、身后长尾的怪物。

1863年1月1日，林肯决定在修订后的《解放黑奴宣言》上签字。在签字之前，林肯不胜感慨地说："在我的一生中，我还从来没有像在这个文件上签名这样更加确信自己做得对。但我从上午9时起就一直在接见客人，同他们握手，弄得我手臂僵硬麻木。现在这个签字将被人们仔细察看，如果他们察出我的手有点颤抖，他们就会说，'他有

← 林肯向内阁宣读《解放黑奴宣言》

→林肯故居门口的林肯画像

点后悔了'。但无论如何，这个字总是要签的。"说完，他缓慢而小心地在《解放黑奴宣言》下边写上了"亚伯拉罕·林肯"的大名。

宣言登报之后，立即受到国内外人民的热烈欢迎和全力支持。在北方一些城市里，人们通宵达旦地举行集会，尽情地欢笑、歌唱、祈祷。广大黑人群众更是兴高采烈地庆祝这一天的到来。伦敦和曼彻斯特等地的工人组织纷纷给林肯总统写信，表示对他的全力支持。作为回报，林肯也写了《致伦敦工人》和《致曼彻斯特工人》两封公开信。信中写道："我知道曼彻斯特和整个欧洲工人在这场危机中不得不忍受痛苦，为此我深感悲伤……在这样的情况下，我不禁认为你们在这个问题上所表现的坚决态度，是任何时代、任何国家都不曾有过的最崇高的基督英雄主义的一个例证。"

《宅地法》和《解放黑奴宣言》的发表与实施，充分调动了全国人民的积极性。工农群众与黑人踊跃参军参战。在林肯军队中，每1000名士兵中，就有421名工人和487名农民。仅在1863年上半年，就有数以千计的黑人应征入伍。黑人士兵在战斗中所表现出来的大无畏精神是无与伦比的。在维克斯堡战场，黑人部队第一次投入对白人的战斗，144名北军黑人士兵打退了约2000名南军白人的进攻。1863年8月底，格兰特将军在致函林肯总统时说，武装黑人这一举措从根本上削弱了敌人，使北军实力得到增强。

在一次保健义卖会上，林肯针对南军对北军黑人士兵进行血腥种族大屠杀一事，阐述了他对"自由"一词的见解。他说："我们都声称拥护自由，但在使用这同一词时，并非指的是同一事物。对某些人来说，自由这个词可能意味着人人都有权随心所欲地支配自己和自己的劳动成果；而

← 获得自由的奴隶

对另一些人来说，这个词可能意味着某些人可以任意支配他人和他人的劳动成果。"为了使自己的观点更加形象具体，林肯又进一步提出了"狼论"：牧羊人把狼赶跑，从狼爪子下救出了羊，羊因此感谢牧羊人，称他为解放者；狼则因此责备牧羊人，说他扼杀了自由，尤其是因为这只羊是黑羊。羊和狼对自由这个词所下的定义各不相同；在我们人类当中，虽然也普遍存在着这样一种分歧，甚至北方也是如此，虽说大家都标榜自己是热爱自由的。

1864 年 6 月的一天，林肯去格兰特的部队视察，格兰特建议林肯去看看黑人部队。林肯说："哦，我正想看看这些小伙子哩！"当他来到营地时，黑人士兵像潮水般地涌上前来。他们手舞足蹈，尽情欢呼，不少人都热泪滚滚。他们簇拥着林肯，吻他的手，抚摸他的坐骑和鞍鞯。骑在马上的林肯脱下帽子，热泪夺眶而出，哽咽着说不出话来。

1864 年 4 月 4 日，林肯在一封信中剖白了自己的心迹："我生来就是反对奴隶制的。倘若奴隶制都不算错，那天底下就无错可言了。在我的记忆里，我没有一天不是这样想、这样感觉的。我不认为是我控制了形势的发展，应当坦率承认是形势控制了我。"

1864年11月，费城《北美人报》指出，美国内战已解放了130多万黑奴。然而1787年通过的联邦宪法仍然认为这些奴隶是私人财产，只有密苏里州和马里兰州例外，这两州已在法律上承认奴隶的解放。面对这种情况，林肯在1864年12月的国情咨文中向国会说明，要使所有的黑人都根据法律和宪法获得解放。这项拟议中的宪法修正案在参议院已获得通过，但在众议院却遭到了否决。1865年1月，林肯通过做院外工作、给支持者以报酬等方式，终于使众议院通过了《宪法第13条修正案》，在修正条款中规定："在合众国境内或受合众国管辖的区域内，除了惩罚已正式判罪的罪犯外，不得保存奴隶制或强迫劳役。"1865年12月18日，宣布奴隶制在美国为非法的第13条宪

林肯墓内部正厅中央的林肯总统铜像（与华盛顿林肯纪念堂林肯像同模雕刻）。

法修正案获得了 3/4 的州的批准，正式成为法律并开始生效。这样，万恶的奴隶制终于被扔进了美国历史的垃圾堆。

林肯顺应历史时势，顺应人民意愿，彻底解放了美国的黑人奴隶，从而以黑奴制度的掘墓人而彪炳史册。成千上万获得自由的黑人纷纷加入联邦的军队，并带着复仇的怒火去攻打曾经百般压榨、欺凌他们的奴隶主。战争中有 18.6 万黑人直接参加了战斗，他们不怕牺牲，英勇善战，约有 6 万多人为反对奴隶制和捍卫美国的完整而献出了生命。南方的黑人也纷纷起来反抗，约有 50 万黑人逃离种植园，使南部在经济上陷于瘫痪。他们还在南部发动起义，展开游击战争，牵制了奴隶主的 10 万大军。

总之，人民群众的革命积极性被充分调动起来，产生了巨大的物质力量，立即使战争形势发生了根本性变化，保证了军事上的最后胜利。

苦操国事

耐心和持久胜过激烈和狂热。

——拉封丹

林肯在任总统期间，除了高度关注南北战争这一重大问题外，还要紧绷着神经去应付欧洲列强的染指图谋和官场内部的龃龉倾轧，以及其他一些林林总总的事情。这一切压得林肯简直喘不过气来。

内战初期，英法统治者站在南方一边。1861年11月，"南部各州同盟"为了争取英法两国政府的承认和出兵援助，派詹姆斯·梅森和约翰·斯莱德尔为"特使"，从古巴乘英国邮船"特伦德号"前往英国和法国进行秘密活动。美国北部巡洋舰将其拦截，搜出并逮捕了这两名阴谋分子。英国统治者以"特伦德号"事件为借口，准备向美国开战。英国首相帕麦斯顿发给林肯一份措辞严厉的照会，声称：如果此事是奉美国政府之命并代表美国的政策，那就开战！世界上最精良最强大的海军已做好一切战斗准备，8000名精锐部

队已登上运输舰，正在向加拿大进发。

与英国战争叫嚣相呼应的，还有法国、奥地利和普鲁士政府发来的照会，它们强硬要求美国政府释放梅森和斯莱德尔。面对国外的强大压力和国内紧张的战争局势，林肯政府只好照会英国，表示乐意释放梅森和斯莱德尔，并让他们乘英国军舰去英国，对英国的损失给予赔偿。

林肯总统在处理这一关键的事件时，从大局出发忍辱负重，使英国政府失去了向美国开战的唯一借口。再加上英国工人阶级坚决反对武装干涉美国内战，因而这一剑拔弩张的外交风波便被平息下来。事后，林肯在谈及这一事件时说："英国人不给我们回旋的时

→ 位于林肯墓上方的墓雕

间，这很使人感到屈辱。但我们正在打内战，我们不想同时进行两场战争。"他还百感交集地说道："这是一颗难以吞咽的苦丸。但我感到宽慰的是，我相信英国在这件事上的胜利也只是暂时的。等到我们打赢这场内战后，

← 林肯故居的正门

我们将会一跃而成为强国，那时我们就将找英国算个总账，报仇雪耻了。"

　　1861年，法国的拿破仑以墨西哥革命政府暂停支付外债为借口，派遣侵略军在墨西哥登陆，企图利用墨西哥的领土作为武装干涉美国内战、支援南方同盟的基地。1864年，法国政府扶持奥地利的马克西米利安大公为墨西哥皇帝，建立了一个傀儡政权。同年，法国政府通知美国驻巴黎公使，表示法军撤出墨西哥的条件是美国政府必须承认马克西米利安皇帝，公然地向美国挑衅。对此，林肯指示国务卿西华德以在法、墨之间严守中立作为回答。林肯后来阐述了他的见解：

"我并没有被'吓唬住',但我对现状却也并不满意。拿破仑利用我国困难时期的弱点,企图在墨西哥建立一个君主国,完全无视我们的门罗主义。我们的方针只能是一个时期解决一起乱子。只要我们一摆脱当前的困境,恢复联邦,我们就要通知路易·拿破仑从墨西哥撤走他的驻军。法军一撤走,墨西哥人自然会起来收拾马克西米利安的。"后来的事实证明了林肯对法国军事挑衅的处理是恰当的。3年之后,法军被迫撤走,马克西米利安政权随即被墨西哥人民推翻,他本人也被逮捕处死。

恼人的国际挑衅事件令林肯总统心焦,而国内层出不穷、花样翻新的麻烦与骚乱更使林肯总统头疼。

→ 林肯雕像

极端反战派的民主党人大肆批评和攻击林肯的战争政策；各派政治力量都从各自的狭隘小圈子或小集团的利益出发，对林肯的主张说三道四；民主、共和两党中都有人与总统为敌，他们都想把林肯撵

← 林肯墓侧影

下台，换上一个对他们唯命是从的总统；通敌卖国者、扰乱市场者、中饱私囊者、贪赃枉法者、制造动乱者、阴谋暴动者、蛊惑人心者、走私间谍者、伪造声明者、调拨离间者等，都一股脑儿地向林肯袭来；为了破坏和阻止林肯连选总统，反对派极尽辱骂丑化之能事，给林肯戴上无尾猴、大猩猩、王八、怪物、笨蛋、大傻瓜、老无赖、撒谎家、吹牛大王、下流说书者、土地掠夺狂、伪证人、篡权者、小丑、小偷、骗子、强盗、魔鬼、恶霸、暴君、刽子手等等"香甜头衔"；更有甚者，扬言要扒下林肯的皮来示众或"拿绳子吊死他"！

面对汹涌而来的攻击、谩骂和各种恶毒行径，林肯在苦恼的同时更加坚定了自己的斗志。他以愤愤不

→ 美国内战插图

平的心情说道："老天爷知道，我至少一直是在勤奋地履行职责，公正地对待每一个人而不冤枉任何人。现今那些一直是我的朋友，本该对我较为了解的人，竟然说我已被他们所说的权势欲迷住了心窍，说我老在干着这样或那样有害于共同事业的缺德事，还说这样做只是为了保住我的权位！但当他们企图打倒我时，可曾想到过那个共同事业吗？唯愿他们想过就好了。"在痛苦中煎熬的林肯明白，任何解说和言辞都不足以解决问题，只有用刺刀打败南方同盟，才能使他的话具有权威性。他语重心长地对人们说："我要告诉你们，人民要求的是什么。他们要求而且必须得到的是胜利。但是，不管胜利是否到来，我都要留在这个岗位上履行我的职责。我决心留在这里。""我相信人民。

他们是不会赞成分裂的。当前的危险在于他们正被人引入歧途。只要让他们明白事情真相，国家便可得救。""要是国家保不住，还要总统职位干什么？"

1863年末，南军的劣势已日渐明显。人们开始议论战争结束后如何处置南方叛乱头目的问题。林肯也度过了总统生涯中最困难的时期，威望日渐增高。1864年1月，《北美评论》撰文对林肯描述道："他对于公众的情绪善于诱导，给人的印象是他在按照公众的意愿办事。他可以在还有疑点的问题上让步，因此他能在一些根本性的问题上坚定不移而又不显得固执。也许从华盛顿以来，我国还没有一个总统能够像他那样，在暴风雨中执政3年之后，得到人民如此坚定不移的信赖……起初他的行动那么

美国内战插图

迟缓，以致使一些人感到不耐烦，他们力主加大马力，甚至引起爆炸也在所不惜，否则就不承认火车正在前进。他后来的行动又那么迅速，甚至使那些认为只要锅底下还有火星就不安全的人大惊失色……林肯先生……老是在等待……直到适当时刻才把他留着的一手亮出来。"

美国内战、《解放黑奴宣言》、林肯的历次国情咨文和对反奴隶制的广泛宣传，也唤醒了欧洲各国人民群众反奴隶制的斗争热情。千千万万个欧洲人都弄清了美国奴隶制究竟是怎么一回事，他们都知道"在那儿，白人拥有黑人就像拥有一匹马、一头牛或一条狗似的"。马克思、恩格斯在整个美国内战期间，不仅教导英国工人阶级，也号召各国无产阶级积极支持美国北部的正义战争。

正义的事业是一定要胜利的。看来，美国人民必胜！林肯必胜！

照片拍摄于1965年4月。照片中是弗吉尼亚州里士满的一个刚刚获得自由的奴隶家庭，但只有男人和孩子们。

修复联邦

> 我相信，在一半是奴隶，一半是自由人的状态，这个政府是不能长久存在的……将来总有一天，或者全部都是奴隶，或者全部都是自由人。
>
> ——林肯

当北方联邦军队以其气势磅礴、摧枯拉朽的力量向南方挺进的时候，林肯这位世界民主斗士，决心以夺取内战胜利的辉煌成果来纪念为自由而战的烈士们。

1863年11月19日，联邦政府隆重地举行葛提斯堡国家公墓落成典礼仪式。林肯以国家元首的身份来到墓地发表了一个简短的演说。

"87年前，我们的先辈在这个大陆上创立了一个新国家，它孕育于自由之中，奉行着人人生来平等的原则。

现在我们正从事一场伟大的内战，以考验这个国家，或者任何一个孕育于自由和奉行上述原则的国家是否能够长久存在下去。我们在这场战争中的一个伟

→获得自由的黑人奴隶们

大战场上集会。烈士们为使这个国家能够生存下去而献出了自己的生命，我们在此集会是为了把这个战场的一部分奉献给他们作为英灵安息之所。我们这样做是完全应该而且非常恰当的。

但从更大的意义上来说，这块土地我们不能够圣化，不能够神化。那些曾在这里战斗过的勇士，不管是牺牲的还是在世的，已经把这块土地神圣化了，这远不是我们微薄的力量所能增减的。

我们今天在这里所说的话，全世界不大会注意，也不会长久地记住，但全世界将永远忘不了勇士们在这里所完成的勋业。

倒不如说，是我们这些还活着的人应在这里把自己献身于勇士们已如此崇高地向前推进但尚未完成的事业。是我们应在这里把自己献身于仍然留在我们面前的伟大任务，以便使我们从这些光荣的烈士身上汲取更多的献身精神，来完成他们那已完全彻底为这献身的事业；我们要在这里下定最大的决心，不让这些烈士白白牺牲；我们要使国家在上帝福佑下得到自由的新生，要使这个民有、民治、民享的政府永世长存。"

林肯在葛提斯堡烈士公墓落成典礼上的演说，是历史上最伟大的演讲之一。在短短不足3分钟的时间里，先后5次被热烈的掌声所打断。这篇演说词，后来一直成为美国中学生必读的课文，英国牛津大学甚至把它用金字铸在校园里，供人们瞻仰和诵读。

1864年2月26日，参众两院通过了在合众国军队中恢复中将军衔法案，并首先将新设的中将军衔授予战功卓著的格兰特将军。1864年3月，林肯又正式任命格兰特为陆军总司令。这样，经过屡次试用将军后，林肯总算找到了一位恰当的帅才人选。格兰特总司令走马上任后，立即制定了一个全线出击的作

←林肯总统1863年在葛提斯堡演讲

→路易斯安那州的黑人奴隶获得自由

战计划。6支部队像出鞘的剑一样向前推进。与此同时，其中两支主力部队——东线的格兰特和米德、西线的薛尔曼和托马斯，将形成一把大铁钳，待他们最终会师时，必将把南方同盟夹个粉碎。

为了保证前方源源不断的兵员、物资供给，林肯总统在后方充当总征兵官。这场内战，特别是这次全线出击，给北方的每一个家庭都带来了严重的创伤。几乎家家都成了烈军属，几乎家家都有伤残人员。但是，前方将士英勇杀敌、不怕牺牲的英雄气概深深地感动着大后方的人民。美国废奴主义诗人兼散文作家爱默生在自己的日记中以崇敬的心情写道："当前成千上万人的牺牲和千百万儿女的决心，已充分显示出他们发自内心的爱国主义精神。"

1864年9月，薛尔曼占领了佐治亚州的首府亚特兰大，并由此向海边进军。12月21日，薛尔曼占领了大西洋的重要港口萨凡纳。在战争将要取得最后胜利的时候，1864年11月8日，林肯再度当选为美国总统。1865年3月4日，林肯发表第二次总统就职演说。当他念到最后一段时，许多人眼里噙满着泪水。

战争的进程继续加快。1865年3月21日，格兰特与薛尔曼在北卡罗来纳州会师，实现了铁骑合围。4月3日攻占了"南部各州同盟"的首都里士满。消息传到华盛顿，群情高涨。林肯立即乘船直抵里士满。在里士满大街上视察时，林肯盯着一座监狱看了一会儿，当有人说"把它炸掉"时，他说："不必，留着它做个

←林肯第二次就职演说全景照

纪念吧。"9日，南军总司令罗伯特·李将军见大势已去，率残部2.8万余人在弗吉尼亚的阿坡马托克斯城向格兰特投降。自此，延续了4年的美国内战以北方取得最后胜利而结束。

1865年4月10日黎明时分，隆隆的礼炮声响彻华盛顿的上空。街上人似海、歌如潮，欢声笑语连成一片。政府各部门的官员都破例放假一天，同全国人民一道，共同欢庆这场战争的伟大胜利。

在付出高昂的代价之后，人们开始了和平的生活。

这是1865年3月4日林肯第二次就职时的情景，宣誓由大法官萨尔蒙·查斯主持。查斯曾是林肯的政治对手，前财政部部长。

遇刺身亡

反动派，你看见一个倒下去，
可也看得见千百万个站起来的，正
义是杀不完的，因为真理永远存在！

——闻一多

作为美国黑奴制度的反对者和掘墓人，林肯从
1861年2月赴任总统途中开始一直到在华盛顿执政的
几年中，时时刻刻都处在被人暗杀的危险之中。南方
种植园奴隶主对他恨之入骨，必欲除之而后快。

林肯在就任第一任总统之后，曾向自己的私人
秘书描述过一个奇特的镜中幻影。他说："当选之后
……我都累得筋疲力尽，回到家里就想休息。我随
即躺在卧室的睡椅上。我躺下的地方对过是一张办
公桌，桌上有一面可以转动的镜子。我往镜子里一
瞥，几乎现出了我的全身像来。不过，我却看见镜
子里清晰地露出两张不同的脸。一张脸的鼻尖距离
另一张脸的鼻尖约3英寸。我站起身来，望着镜子，
这个幻影便消失了。才躺下身去，我又看到了，比

→林肯正式任命格兰特将军为陆军总司令

头一次似乎还要清晰些。接着，我发现一张脸比另一张脸显得苍白。我站起身来，眼前又什么也没有了。后来我走出卧室。由于当时确实太兴奋，也就把这一切都忘了。不过应该说是几乎忘了，而不是全给忘了，因为那个镜中幻影还不时地浮现脑际，使我很不好受，好像发生了一件不祥的事似的。后来，我把这一切告诉了我的妻子。她挺担心的。几天之后我又试过一次，果然又现出了那种幻影。在这之后，为了让我妻子能看到这个恐怖现象，我费了好大劲去试，可那个幻影却怎么也现不出来了。她说这是还要连任总统的'征兆'；脸色苍白也是个兆头，意味着我在第二任总统期间将撒手人寰了。"

林肯夫人的话，不幸被言中。不过，林肯似乎自己也有预感。在美国内战那风雨如磐、险象环生的年代里，各种势力都在作殊死拼搏，林肯的身边每天都有死神的阴影伴随着。他知道自己是凶手、刺客和一切庸人蠢夫的活靶子。他的帽子曾被枪弹击落过两次，在敌人的暗杀未遂中他侥幸大难不死。

1863年秋，当一股阴谋推翻林肯的暗流正在滋长时，《汤姆叔叔的小屋》的作者斯托夫人到白宫拜会总统。据她记述，林肯伸开双手迎接她说："哟，你就是撰写那本引起这次大战一书的女作家！"在谈到目前的战争时，林肯不由愀然动容地说道："不管战争如何了

1865年4月14日，林肯在剧院观剧时，被奴隶制度支持者、演员约翰·魏克斯·布思刺杀，次日凌晨不治身亡。

结，我感到战争结束后，我是活不了多久的。"两年不到，大祸果然临头了。

然而，为了国家的事业和自己的心愿，林肯早已置个人的生死于不顾。陆军部长斯坦顿和哥伦比亚特区警察局长拉蒙等人经常告诫总统要注意自身的安全，对此林肯只是一笑置之。1864年初，一位画家在给林肯画像时告诉林肯，里士满正在精心策划着一起阴谋，目的是要绑架总统，绑架不成就把他暗杀掉。林肯询问了一些相关细节，笑了笑说："嗯，即使这是真的，我也看不出叛乱分子暗杀或绑架我能得到什么好处。我不过是一个常人，这样干既不会有助于他们的事业，也不会对战争的进程有丝毫影响。一切都会照老样子进行下去的。"林肯还告诉这位画家，自从芝加哥代表大会提名他以来，他照例每个星期都收到恐吓信，但他已习以为常，不再为这些事徒伤脑筋了。他说："啊，再没有比习惯于这一切更好的了！"

1865年4月14日，耶稣殉难日到了。此时的林肯骨瘦如柴，满脸皱纹，眼睛深陷，身心疲惫。然而他却神态安逸，内心深处荡漾着和平来临时的喜悦。战争终于走到尽头了，他已开始考虑战后的恢复与重建等工作。

当天傍晚，林肯步行到陆军部。这次他一反常态地笑着对警卫员说："克鲁克，我相信有人想要谋杀我，你知道吗？"稍停片刻，他又自顾自地嘟嘟囔囔："我毫不怀疑，他们会这么干的。"从陆军部出来后，在谈到计划晚上看戏的事时，林肯对警卫员克鲁克说道："我们去那里的事既然都登出了广告，我就不能让人失望，要不然我是不愿意去的。"

晚上9点钟，林肯与夫人等进入福特剧院一个包厢，观看《我们的美国亲戚》的演出。正当戏剧还在

林肯总统的葬礼。他去世时仅56岁。他的遗体在14个城市供群众凭吊了两个多星期，后被安葬在普林斯菲尔德。

→ 林肯总统的葬礼

公演之际，一名刺客右手握一支单发大口径手枪，左手持一把锋利匕首，轻轻地拉开包厢的后门，以迅雷不及掩耳之势，向正在看戏、毫无防备的林肯的脑袋扣动了罪恶的扳机。一声枪响，震动大厅，林肯总统倒在了血泊之中。

1865年4月15日上午7时22分10秒，林肯的心脏停止了跳动。

巨星陨落了。高山垂首，江河哭泣。

美国著名诗人沃尔特·惠特曼目睹林肯灵车出动时那1700英里沿线两旁默哀的千百万群众，不由心潮澎湃，激情难抑。这位诗人把林肯喻为一位优秀的船长，他指挥着航船历经连绵不断的惊涛骇浪和痛苦磨难，最终正准备迎着码头上欢呼的人群和欢迎的钟声驶进港口时，船长却一动不动地躺在甲板上，身边鲜血流淌，浑身早已冰凉。诗人代表千百万群众，深情地呼唤着他们的"船长"：

啊，船长，我的船长哟！
起来吧，
起来谛听这钟声！
旌旗为你招展，
号角为你长鸣，
为你，人们献上无数的花环，
为你，人们挤满了海岸。
……
啊，船长，亲爱的父亲哟！
在这里，让你的头枕着我的手臂吧！
甲板上的一切，恍如梦境——
你已浑身冰凉，合上了双眼。
……
我们的航船已安然停靠，
它的航程到此终了。
……
然而，我却以悲痛的步履，
徘徊在甲板上，那里躺着我的船长，
他已浑身冰凉，合上了双眼。

名垂千古

谁为时代的伟大目标服务，并
把自己的一生献给了为人类兄弟而
进行的斗争，谁才是不朽的……

——涅克拉索夫

亚伯拉罕·林肯是美国历史上第一位遇刺的总统。
他虽然未能自然地走完生命之旅，但其不朽的功勋和
业绩却赢得了美国人民和世界人民的无限爱戴和景仰。

林肯由一介贫民到美国总统，走过了一段艰辛曲
折的奋斗之路。除了顺应时势外，他那渊博的学问、
非凡的胆识、顽强的意志、谦逊的品德和献身的精神
等，都是促使他成功的必要因素。在任总统期间，他
一如既往，毫不懈怠。《汤姆叔叔的小屋》的作者斯托
夫人评价道："林肯的力量不同一般，与其说它令人神
悚，倒不如说它坚韧不拔。……这力量与其说像石壁，
倒不如说像钢绳，能一张一弛地适应各种势力，能左
右伸缩以满足人民群众的需求，然而这力量却在为实
现伟大目标而百折不挠、坚定不移地奋斗。"美国散文

作家兼诗人爱默生认为林肯总是随着时代的步伐而前进，根据社会的需要而成长。在内战时期，林肯是一个"没有假日的总统，没有天晴的水手"。俄国的伟大作家列夫·托尔斯泰说，林肯由于具有"独特的精神力量和伟大的人格"，已经成为世界人民心目中的传奇人物。这位世界级大文豪认为林肯的地位"相当于乐坛上的贝多芬，诗歌中的但丁，绘画中的拉斐尔和人生哲学中的基督"。

林肯是以解放奴隶、维护联邦统一的实际行动被看成是杰出的资产阶级革命家和政治家的。在联邦解体似乎处于不可挽回的危急时刻，他毅然走上总统岗位，并决心运用其所有的政治手段和治国才能方可致

← 林肯总统的葬礼

力于维护国家的完整。作为一场战争的领袖，他发挥了美国历史上最有效最鼓舞人心的总统领导作用，他大大地扩大了总统的权力以适应当时的需要。在解决奴隶制问题方面，他明智地不理睬激进派提出的立即解放黑奴的要求，从而使边疆上的几个关键性的州没有脱离联邦。1862年发表的《解放黑奴宣言》时机选择得非常好，是文笔出众的政治杰作，促进了北方人民的团结，阻止了欧洲承认南方同盟。由于他不懈的政治努力，终于使国会于1865年底批准了《宪法第13条修正案》，它的通过抹掉了这个国家奴隶制的耻辱。

　　此图是托马斯·纳斯特的作品，意思是向死去的林肯总统致敬。图片显示自由女神跪在地上，对着亚伯拉罕·林肯的棺材哭泣。

他用最为雄辩的语言阐述了人道主义的理想，解释南北战争的意义，并激励后代人民。

美国内战和美国独立战争一样，在美国历史上都有重大意义。1861—1865年的美国内战是美国历史上第二次资产阶级革命。这次革命为美国资本主义的进一步发展开辟了道路。到1865年初，美国北方的工业、金融和运输业几乎以爆炸性威力，不可阻挡地向前飞进。限制向西部移民的一整套桎梏也被砸碎了。这一切都应归功于这场战争以及这场战争的领导人——林肯总统。这场战争除了实现联邦统一和解放黑奴外，还结出了丰硕的成果——美利坚合众国将跻身于世界强国之列。

作为一国之尊的林肯总统，在位期间权倾一时，但他从不滥用权力，不摆架子。

——他廉洁自律。在任职期间，林肯克己为公，不谋私利。总统年薪2.5万美元，由财政部扣除年所得税1279.13美元后按月支付。为了支援战争，林肯用他的薪金买了价值7.5万美元的公债券。1863年，有家银行打算送一些股票给他，被他婉拒。他说作为一国总统，不应该从他的政府所通过的法律中去捞取任何好处。那位银行家不由肃然起敬道："看来他是要两袖清风，不与任何诟病沾边。"

　　——他平易近人。无论是农民、工人还是黑人、妇女，他都以礼相待，从不盛气凌人。一次，林肯总统在雨中浑身湿透地同船上的所有船员握手，最后是一个满身油污、手脸乌黑的加煤工人。总统向这个工人伸出了手，谁知对方却说道："先生，我的手太脏，不便跟你握手，但我却是船上最敬重你的人。"总统大声说："把你的手伸过来吧！你的手是为联邦加煤弄黑的。"

　　——他公正无私。林肯夫妇共生育4子，其中次子、三子和幼子先后夭折，只剩下长子罗伯特这个心肝宝贝儿。当罗伯特这个有为青年要求参军打仗时，林肯便劝慰自己的夫人："玛丽，多少可怜的母

→林肯雕像

亲都忍痛做出了这种牺牲，送走了她们的每一个儿子，而且永远地失去了他们。"于是，林肯毅然决然地支持儿子走上前线的行动，这种以身作则、不搞特殊的义举，体现了一个政治家的公正品格和博大胸怀。

——他体恤下情。林肯对穷苦民众一贯乐善好施，曾给"病号约翰斯先生""黑人露西女士"和"只剩一条腿的黑人"开过现金支票。有个银行出纳员对林肯"竟然签送支票给黑鬼"大惑不解，认为"总统是世上最古怪的人"。林肯还尽量在精神上抚慰那些在战争中遭受痛苦的人。有一位寡妇，她的5个儿子在捍卫联邦的战斗中都先后牺牲了。林肯知道后，心情激动，亲自给那位寡妇烈属写了封慰问信："……对你遭到如此巨大损失所引起的深切悲痛，我感到我的任何安慰都无济于事，显得软弱无力。但我仍禁不住要向你表示安慰，这种安慰你可从共和国对你的感谢中感受得到……我祈求上帝减轻你失去爱子的悲痛，留给你的只能是缅怀烈士们的功勋和神圣的自豪。由于你在自由的祭坛上所付出的如此昂贵的牺牲代价，这种自豪理所当然地归属于你。"

——他为政务实。在首任总统期间，林肯为了建

立一个绝对忠诚于联邦政府的领导班子，撤换了1457人，约占其官员总额的88.9%。为了工作高效，林肯憎恨繁文缛节和废话连篇的公文。一次，国会调查委员会研拟的一份关于新式大炮的报告交由他审阅。他看了好半天不得要领，不由长叹："我得再活一辈子才看得完这份报告。调查委员会为何不能写得简明扼要一些，让人一目了然呢？倘若我派人去买马，我想要他告知我的是马齿有多少，而并不要他告诉我马的尾巴上有多少根毛啊！"

林肯身上还有很多长处，如心地坦荡、慈悲为怀、尊重知识、诲人不倦、原则坚定、策略灵活、稳妥机敏、坚持正义等。马克思称赞林肯："这是一个不会被困难所吓倒，不会为成功所迷惑的人；他不屈不挠地迈向自己的伟大目标，而从不轻举妄动，他稳步向前，而从不倒退；他既不因人民的热烈拥护而冲昏头脑，也不因人民的情绪低落而灰心丧气；他用仁慈心灵的光辉缓和严峻的行动，用幽默的微笑照亮为热情所蒙蔽的事态；他谦虚地、质朴地进行自己宏伟的工作，决不像那些天生的统治者们那样，做一点点小事就大吹大擂。总之，他是一位达到了伟大境界而仍然保持自己优良品质的罕有的人物。这位出类拔萃和道德高尚的人竟是那样谦虚，

以致只有在他成为殉难者倒下去之后，全世界才发现他是一位英雄。"（《马克斯恩格斯全集》第16卷，第108~109页）

中国有句俗语：创业难，守业亦难。资产阶级政治家在维护资产阶级民主制过程中所起的作用和意义并不亚于在建立这种制度时所起的作用和意义。美国开国元勋华盛顿建筑了联邦的大厦，黑奴解放者林肯则弥合了这座大厦的裂缝并使之更加巍峨。当然，林肯作为资产阶级的政治代表，其活动方式难免会染上一些政客的色彩，但这无伤大体。正如马克思所说："要想从林肯的所作所为中找出美学上的不雅、逻辑上的缺陷、形式上的滑稽和政治上的矛盾……是再容易不过了。尽管如此，在美国历史和人类历史上，林肯必将与华盛顿齐名！"（《马克斯恩格斯全集》第15卷，第586~587页）

←坐落于春田城近郊的林肯总统墓